実務の技法シリーズ 3

相続の
チェックポイント

編著
髙中正彦
吉川 愛

著
岡田卓巳
望月岳史
安田明代
余頃桂介

シリーズ刊行にあたって

　ひと昔は、新人・若手弁護士は、先輩弁護士によるOJTによって実務を学び、成長していったものであるが、現在は残念なことに、先輩弁護士から十分な実務の指導を受ける機会を得られない弁護士や指導が短期間に終わってしまう弁護士も、かなりの数に上っているようである。そのようなOJTに対する強い要望が背景にあるのであろう、弁護士実務のノウハウや留意点を叙述した新人・若手弁護士向けの実務書が実に多数刊行されている。しかし、それらを見ると、若干高度すぎる内容となっているもの、真に先輩弁護士に相談したい事柄を網羅していないもの、先輩の経験談を披露したにとどまるものなどが混在しているように思われる。

　このような状況の中、私たちは、実務を適切に処理するにあたって体得しておくべき技法を、一覧性のあるチェックポイントと簡潔かつ明快な基礎知識とともに叙述する書籍が必要とされているのではないかと考えるに至った。執筆陣には、新人・若手弁護士に接する機会が多い中堅弁護士を核とし、さらにはこれに気鋭の若手弁護士にも加わってもらった。「実務の技法シリーズ」と銘打ったこの出版企画は、弁護士が実務において直面するであろう具体的な場面を想定し、これを紛争類型ごとに分けたシリーズとなっている。本シリーズは全巻を通して、新人弁護士ノボルが身近な先輩弁護士である「兄弁」「姉弁」に対して素朴な疑問を投げかけ、先輩がこれに対して実務上のチェックポイントを指摘しながら回答していく対話から始まる。その後にチェックポイントをリスト化して掲げることを原則とし、その解説を簡潔に行うという構成となっている。このチェックリストだけを拾い読みしても、有益なヒントを得ることができるものとなっている。さらに、当該事件を処理する上での必携・必読の文献をまとめたブックガ

イドを本編に先立って設けているが、これは類書にはほとんど見られない本シリーズの大きな特色であろうと自負している。また、随所にコラム欄も置き、実務上知っておきたい豆知識や失敗しないための経験知を気楽に身につけることができるようにも工夫した。

　本シリーズは、各法律・紛争分野ごとの巻のほか、これに総論的テーマを扱う巻を加えて順次刊行していく予定である。読者の皆様には、ぜひ全巻を机上に揃え、未経験・未知の案件が舞い込んだときにも、該当する巻をすぐ手にとり、チェックポイントを確認して必要部分の解説を通読していただき、誤りのない事件処理をする一助としていただきたいと念願している。また、ベテランの弁護士の方々にも、未経験の事件のほか、自らの法律知識や実務経験の再チェックをするために本シリーズを活用していただけるならば、望外の幸せである。私たちも、実務家にとってそのように身近で有用なシリーズとなるよう、最大限の努力と工夫を続けるつもりである。絶大なご支援を心からお願いする次第である。

　2019年1月

髙中正彦

市川　充

はしがき

　本書は、法律実務家が新規に事件の受任をする際、事前に何を勘所としておくべきかを簡潔に確認ができ、また、深く争点を掘り下げる際には、どの判例や論文、専門書を参照すれば良いのかを効率的に調べられる端緒とできるものとし、実務処理の道標となることを目指して企画、編集、執筆をしたものである。

　本書には、カテゴリーごとに事例（**Case**）が設定されており、その事例に対して、新人弁護士ノボルが先輩弁護士と事件受任や事件処理にあたって、議論をする会話形式が設けられている。これは、事件を初めて受ける実務家にとって、当該カテゴリーの全体像、処理にあたる具体的イメージを先輩弁護士との会話によって摑んで頂くために設定している。あえて新人が陥りやすい勘違いなどを盛り込み、それを先輩弁護士が指摘することにより、読みやすい会話形式で、該当事件の勘所を摑むことができるようになっている。

　会話の後には、本書の最大の特徴ともいえる **Check List** を設けた。これは、各論点に対して留意すべき事項を、短時間で確認することができることを目的としている。これにより、突然の相談案件がきた場合でも、**Check List** の各項目を確認し、自分が不安なチェック項目部分に示されている番号の解説を読むことで、事件相談を受ける際や、受任に至る場合に、留意すべき部分を個別に確認することができ、相談者に対して効率の良い相談対応が可能となると考えている。［解説］は、判例の羅列や専門書の引用などは極力避けるようにし、結論をポイントのみ記載するよう努力している。その上で、結論を確認できる文献や判例の該当箇所を記載しているため、さらに掘り下げて確認をしたい場合にも有用な1冊となっている。

　また、最初に設定されている事例に対する具体的解決指針については、【*Answer*】において示した。

本書は相続紛争について、特に実務上頻繁に利用されると思われる分野を中心に取り上げている。第1章では遺産分割について、事件受任時の注意点という基本的な部分から、相続人の確定、遺産分割の方法、特別受益、寄与分を網羅している。また、近年増加傾向にある渉外案件についてもふれることとした。第2章は遺留分について、手続選択の方法から具体的計算方法までを、第3章は相続放棄・限定承認について、実務上具体的な運用方法などをケースごとに解説し、また相続放棄にともない、場合により選任の必要がある相続財産管理人の制度についても1項目を設けている。第4章は遺言であるが、通常遺言は相続の前に生じるため第1章に設けても良いところ、本書では遺言にともない起きうる紛争として、遺言無効の訴訟についてもふれているため、あえて最終章として構成した。

　また、各節の間にはコラムが設けられており、当該コラムには、さらに掘り下げて解説したい分野、本書で取り上げられなかった分野などを紹介するとともに、民法の相続法の改正もフォローし、今後実務で予想される運用等について解説している。

　さらに本書の特徴として、本文に入る前にブックガイドがある。実務家として必読の1冊、必ず読むべき論文、手元に置きたい1冊、これらを各文献の特徴ごとに解説をして紹介しているので、コメントを参考に、相続分野をさらに掘り下げていって頂ければ幸いである。

　本書を上梓するにあたっては、弘文堂の登健太郎氏、中村壮亮氏と何度も企画会議を行い、過程ごとに助言を頂いた。お二人のご協力なしに本書が完成することはなかったと思う。心から御礼を申し上げたい。

　　2018年12月18日

高中正彦
吉川　愛

目次 contents

シリーズ刊行にあたって —— i
はしがき —— iii
凡　例 —— xvi
相続紛争処理のためのブックガイド —— xvii

第1章 遺産分割手続 —— 1

I … 事件受任時の注意事項 —— 2

[Case] —— 2
[Check List] —— 3
【 解説 】
1 遺産分割事件の特徴 —— 4
2 事件を受任する際のポイント —— 5
　(1) ヒアリングの重要性 (5)／(2) 身分関係等の確認 (5)／(3) 他士業との協力 (5)
3 共同相続人の複数から依頼を受ける場合の注意点 —— 5
　(1) 利益相反の可能性 (5)／(2) 依頼者への説明 (6)／
　(3) 調停・和解が成立する場合 (6)
4 遺産分割の前提事項と前提問題 —— 6
　(1) 遺産分割の前提事項 (6)／(2) 遺産分割の前提問題 (7)
5 遺産分割の前提事項の調査方法 —— 7
　(1) 被相続人の身分関係 (7)／(2) 相続人の有無および範囲 (7)／(3) 不動産の確認 (8)／(4) 預貯金の有無および内容 (8)／(5) 株式等の有無および内容 (9)／
　(6) 債権債務 (9)／(7) 遺言の有無 (9)
6 調査に要する費用と時間 —— 9
【 Answer 】—— 10
◀コラム▶ 遺言検認手続 —— 10
◀コラム▶ 東京家庭裁判所における調停手続の運用 —— 12

II … 相続人の確定 —— 14

[Case] —— 14
[Check List] —— 16
【 解説 】
1 相続人の範囲の調査 —— 17
　(1) 戸籍（除籍）謄本の取得 (17)／(2) 戦災等により焼失した場合 (17)
2 法定相続情報証明制度 —— 17

3 相続人の順位 ―― 18
  (1) 血族相続人 (18) ／**(2)** 配偶者 (18)
4 代襲相続人 ―― 18
  (1) 代襲相続の発生 (18) ／**(2)** 再代襲相続の発生 (18)
5 相続人の中に養子縁組した者がいる場合 ―― 19
  (1)「養子」と「養親の血族」の関係 (19) ／**(2)**「養親」と「養子の血族」の関係 (19) ／**(3)** 継子（けいし）(19) ／**(4)** 孫を養子とした場合 (19)
6 相続人に胎児がいる場合 ―― 19
7 相続欠格・廃除 ―― 20
  (1) 相続欠格 (20) ／**(2)** 推定相続人の廃除 (20) ／**(3)** 代襲相続の発生 (20)
8 相続人中に生死不明者・行方不明者がある場合 ―― 21
  (1) 相続人の調査が困難な場合 (21) ／**(2)** 調査が困難な場合の対応方法 (21)
【**Answer**】―― 22
◀コラム▶ 不在者財産管理人 ―― 22

III … 遺産分割の対象となる財産 ―― 24

[Case] ―― 24
[Check List] ―― 26
【解説】
1 相続の対象となる権利 ―― 26
2 相続の対象とならない権利 ―― 27
  (1) 一身専属権 (27) ／**(2)** 契約上の地位 (27) ／**(3)** 不動産賃借権 (27) ／**(4)** 祭祀財産 (27)
3 相続人等の固有財産 ―― 27
  (1) 保険金 (27) ／**(2)** 遺族給付 (28)
4 遺産分割の対象となる財産 ―― 28
  (1) 遺産分割の対象 (28) ／**(2)** 可分債権・債務 (28) ／**(3)** 相続人全員の同意がある場合 (29)
5 預貯金 ―― 29
  (1) 判例の変更 (29) ／**(2)** 利息の扱い (29) ／**(3)** 預貯金の調査 (29)
6 投資信託・国債・株式 ―― 29
  (1) 投資信託 (29) ／**(2)** 国債 (30) ／**(3)** 株式 (30)
7 賃料債権 ―― 30
8 代償財産 ―― 30
9 遺言や遺産分割協議書が存在する場合 ―― 31
  (1) 遺言がある場合 (31) ／**(2)** 遺産分割協議が成立した場合 (31)
10 預金の金額や不動産の帰属に争いがある場合 ―― 31
  (1) 家事審判 (31) ／**(2)** 民事訴訟 (31)
【**Answer**】―― 32
◀コラム▶ 預貯金に関する最高裁判例 ―― 32

IV … 遺産分割の方法 —— 34

[Case] —— 34
[Check List] —— 36
【解説】
1 遺産の評価 —— 36
 (1) 遺産の評価の基準時 (36) / (2) 特別受益・寄与分の評価の基準時 (37) / (3) 民法910条の場合 (37) / (4) 不動産の評価 (37) / (5) 非上場株式の評価 (38) / (6) 動産の評価 (38) / (7) 鑑定 (38)
2 法定相続分 —— 38
 (1) 配偶者 (38) / (2) 兄弟姉妹 (39) / (3) 非嫡出子 (39)
3 具体的相続分の算定 —— 40
4 遺産分割の手続 —— 40
 (1) 遺産分割協議 (40) / (2) 特別代理人の選任 (41) / (3) 調停・審判 (41) / (4) 遺産分割調停の進行 (41) / (5) 審判への移行 (42)
5 遺産分割の手続 —— 42
 (1) 遺産分割請求の時期 (42) / (2) 遺産の一部分割 (42)
6 遺産分割の方法 —— 42
 (1) 4種類の方法 (42) / (2) 現物分割 (43) / (3) 代償分割 (43) / (4) 換価分割 (43) / (5) 共有分割 (44)
【Answer】—— 44
◀コラム▶ 換価分割・共有分割 —— 45

V … 渉外相続と遺産分割 —— 46

[Case] —— 46
[Check List] —— 47
【解説】
1 渉外相続事件の動向 —— 48
2 日本国内で外国籍の者が死亡した場合の手続 —— 49
 (1) 死亡届 (49) / (2) 在留カードの返納 (49)
3 相続事件の準拠法 —— 49
 (1) 準拠法の特定 (49) / (2) 外国人が日本で死亡した場合 (49) / (3) 日本人が海外で死亡した場合 (50) / (4) 遺産に不動産が含まれる場合 (50)
4 国内不動産の登記 —— 50
5 先決問題の準拠法 —— 50
 (1) 先決問題 (50) / (2) 婚姻の成立 (51)
6 相続事件の国際裁判管轄 —— 51
7 遺産管理人 —— 52
8 相続原因証明情報の収集 —— 52
 (1) 相続人の範囲 (52) / (2) 住所証明情報 (53) / (3) 遺産分割協議の内容 (53) / (4) 印鑑証明書 (53)

9　海外法令の調査方法 ── 54
　　(1) インターネットやデータベース（54）／**(2)** 主要な文献（54）／**(3)** 大使館からの情報提供（55）
　【*Answer*】── 55

VI … 特別受益 ── 56

　[Case] ── 56
　[Check List] ── 58
　【解説】
　1　特別受益の成立要件 ── 59
　2　婚姻または養子縁組のための贈与 ── 59
　3　生計の資本としての贈与 ── 60
　4　生計の資本としての贈与の条件 ── 61
　5　借地権・賃料相当額 ── 61
　　(1) 借地権（61）／**(2)** 賃料相当額（62）
　6　手続要件 ── 62
　7　相続人でない者の受益行為 ── 62
　8　贈与時に相続人でなかった者の扱い ── 63
　9　保険金の受領は特別受益にあたるか ── 63
　　(1) 平成16年最高裁決定（63）／**(2)** 平成16年最高裁決定における「特段の事情」（64）／**(3)** 具体的持戻し金額（65）
　10　贈与財産の評価 ── 65
　　(1) 財産が滅失している場合（65）／**(2)** 財産の価格が変動している場合（65）
　11　「相続させる」という内容の遺言 ── 65
　12　持戻し免除の意思表示 ── 66
　13　遺贈による持戻し免除の意思表示 ── 66
　14　具体的相続分の計算 ── 66
　【*Answer*】── 67
　◀相続法改正▶ 特別受益の持戻し免除の意思表示の推定規定 ── 68

VII … 寄与分 ── 69

　[Case] ── 69
　[Check List] ── 71
　【解説】
　1　寄与分の主張ができる相続人 ── 72
　　(1) 相続人でない者（72）／**(2)** 代襲相続人（72）／**(3)** 寄与時に相続人でない者（72）
　2　相続開始後の寄与行為 ── 72
　3　寄与行為者以外の相続人の寄与分の主張 ── 73

4 特別の寄与 —— 73
   (1) 最高裁家庭局の解釈（73）／(2) 具体的な判断基準（73）／(3) 東京家庭裁判所家事5部の運用方針（参考）（74）
5 扶養義務者の寄与分の主張 —— 74
6 精神的寄与 —— 74
7 手続要件 —— 74
   (1) 単独の審判申立の可否（74）／(2) 申立の時期（74）
8 配偶者や親族の寄与行為 —— 75
9 遺言書による寄与分の定め —— 75
10 寄与分と遺留分 —— 75
11 寄与行為の評価方法 —— 76
    (1) 家業従事型（76）／(2) 金銭等出資型（76）／(3) 療養看護型（76）／(4) 扶養型（76）／(5) 財産管理型（76）
12 生前贈与・遺贈と寄与分 —— 77
    (1) 生前贈与と寄与分（77）／(2) 遺贈と寄与分（77）／(3) 民法903条と904条の2の適用順序（77）
【Answer】—— 77
◀相続法改正▶ 特別寄与者（改正民1050条）—— 78

VIII … 相続分持分の譲渡 —— 79

[Case] —— 79
[Check List] —— 81
【解説】
1 相続分持分の譲渡の成立要件 —— 81
2 一部譲渡の可否 —— 82
3 被相続人に負債が存在する場合 —— 82
4 譲渡後の相続人の地位 —— 82
5 手続要件──第三者や相続人への通知 —— 83
6 取戻権 —— 84
7 不動産の持分の譲渡 —— 84
8 登記手続 —— 85
【Answer】—— 85

第2章 遺留分 —— 87

I … 遺留分が問題となる相談を受けたら —— 88

[Case] —— 88
[Check List] —— 90

【解説】
1 遺留分とは —— 90
　(1) 制度概要（90）／(2) 遺留分割合（90）／(3) 減殺の順序（91）
2 遺留分権利者 —— 91
　(1) 兄弟姉妹に遺留分はない（91）／(2) 代襲相続等（91）／(3) 承継人（92）
3 遺留分の侵害の有無 —— 92
　(1) 遺言の内容の確認（92）／(2) 生前贈与の確認（92）
4 遺留分減殺請求の意思表示 —— 93
　(1) 内容証明郵便（93）／(2) 遺産分割協議や調停を行う場合等でも遺留分減殺の意思表示はしておく（93）
5 遺留分減殺請求の相手方 —— 93
6 遺留分減殺請求権の時効等 —— 94
【Answer】—— 94
◀コラム▶ 遺留分減殺請求の意思表示の方法 —— 95

II … 遺留分侵害額の算定 —— 96
[Case] —— 96
[Check List] —— 97
【解説】
1 遺留分算定の基礎となる財産の算定 —— 98
　(1) 遺留分算定の基礎となる財産の算定方法（98）／(2) 相続開始時の被相続人の財産（98）／(3) 相続開始前になされた贈与（98）／(4) 特別受益（98）／(5) 相続開始時における被相続人の債務（99）
2 遺留分算定の基礎となる財産の評価 —— 99
　(1) 不動産の評価方法（99）／(2) 金銭の評価方法（100）／(3) 債権の評価方法（100）
3 遺留分侵害額の算定 —— 100
　(1) 遺留分侵害額の算定方法（100）／(2) 遺留分減殺計算表（エクセルシート）の活用（100）
【Answer】—— 101

III … 遺留分減殺の紛争解決手続 —— 102
[Case] —— 102
[Check List] —— 103
【解説】
1 遺留分減殺の意思表示による効果 —— 104
2 遺留分減殺の意思表示後の手続 —— 104
　(1) 手続の検討（104）／(2) 任意交渉（104）／(3) 調停の申立て（105）／(4) 訴訟の提起（105）
3 遺留分減殺請求に関する訴訟類型 —— 105
　(1) 訴訟類型（105）／(2) 類型の選択（106）／(3) 各類型の請求の趣旨の記載例（106）

【Answer】── 109
◀コラム▶ 調停か、訴訟か ── 110

Ⅳ … 価額弁償 ── 111

[Case] ── 111
[Check List] ── 112
【解説】
1 価額弁償が行われる場合 ── 113
 (1) 受遺者・受贈者が目的物を第三者に譲渡していた場合（113）／(2) 受遺者・受贈者が価額弁償を選択した場合（113）
2 価額弁償に関する訴訟類型 ── 114
 (1) 目的物が減殺請求前に第三者に譲渡等された場合（民1040条）（114）／(2) 受遺者・受贈者が価額弁償の意思表示をした場合（民1041条）（114）／(3) 受遺者・受贈者からの価額弁償額確定請求訴訟（114）
3 価額弁償されるべき価額算定の基準時 ── 115
 (1) 目的物が減殺請求前に第三者に譲渡された場合の価額弁償の基準時（115）／(2) 現物返還に代わる価額弁償の基準時（115）
4 価額弁償がなされる場合の遅延損害金の発生時期 ── 116
【Answer】── 116
◀相続法改正▶ 遺留分制度の見直し ── 117

第3章 相続放棄・限定承認 ── 119

Ⅰ … 熟慮期間 ── 相続放棄・単純承認・限定承認いずれを選択すべきか ── 120

[Case] ── 120
[Check List] ── 123
【解説】
1 熟慮期間 ── 124
 (1) 熟慮期間とは（124）／(2) 熟慮期間伸長の申立て（124）
2 相続財産の調査 ── 125
3 単純承認、限定承認、相続放棄の選択 ── 126
 (1) 単純承認（126）／(2) 限定承認（126）／(3) 相続放棄（126）
4 債権者の属性を考慮に入れたほうがよいケース ── 126
5 法定単純承認 ── 127
 (1)「処分」（1号）（127）／(2)「隠匿」（3号）（128）／(3)「私に消費」（3号）（129）
6 相続放棄の申述後に行ったほうがよいこと ── 129
7 その他 ── 家庭裁判所による審理・不服申立て ── 130

【Answer】── 130
◀コラム▶ 相続放棄の申述受理の効果 ── 131

II … 共同相続人に対し相続放棄を求めるケース ── 133

[Case] ── 133

[Check List] ── 136

〔解説〕

1 相続人、遺産の全体像（範囲、評価）の把握 ── 136
2 共同相続人の特別受益、相談者の寄与分等の主張の可否 ── 137
3 相続放棄の交渉 ── 137
　(1) 枠組み (137)／(2) 依頼を受けるにあたり、あらかじめ説明しておくべき内容 (138)／(3) 相手方との交渉 (138)
4 相手方との協議が整った場合の手続 ── 140

【Answer】── 140

III … 相続財産管理人 ── 142

[Case] ── 142

[Check List] ── 144

〔解説〕

1 相続放棄手続および相続財産管理人の選任 ── 144
2 相続財産管理人の選任申立て ── 144
　(1) 概要 (144)／(2) 本件における相続財産管理人の必要性 (145)
3 相続財産管理人選任後の手続の流れ ── 145
4 相続財産管理人が選任された後の注意点 ── 146

【Answer】── 146

◀コラム▶ 相続財産管理人が必要となるその他の場面 ── 147

IV … 限定承認──遺産分割協議の錯誤無効・金融機関との交渉 ── 148

[Case] ── 148

[Check List] ── 150

〔解説〕

1 遺産分割協議の法定単純承認該当性 ── 151
2 法定単純承認の効力を争うことの可否 ── 151
3 家庭裁判所において行うべき手続 ── 151
4 積極財産の評価に関して主張できる要因の有無 ── 152

【Answer】── 153

第4章 遺言 ── 155

Ⅰ … 遺言の無効・遺言の方式・遺言能力 ── 156

[Case] ── 156
[Check List] ── 157
【解説】
1 遺言無効の相談を受けたときは遺留分減殺請求に注意 ── 158
2 遺言無効確認の訴え ── 159
  (1) 遺言無効確認の訴えの適法性 (159)／(2) 当事者適格・訴訟形態・管轄 (159)／
  (3) 調停前置 (160)
3 遺言無効確認の訴えの訴訟物 ── 160
  (1) 訴訟物・請求の趣旨 (160)／(2) 予備的請求──遺留分減殺請求 (161)
4 遺言無効確認の訴えの要件事実 ── 161
  (1) 請求原因事実 (161)／(2) 抗弁 (161)／(3) 再抗弁 (162)／
  (4) 争点の具体的明示 (162)
5 遺言無効確認の訴えの主要な争点1──自筆証書遺言の自書性 ── 163
  (1) 自筆証書遺言の自書性の立証責任・判断基準 (163)／(2) 筆跡の同一性 (164)／
  (3) 遺言者の自書能力の存否およびその程度 (164)／(4) 遺言書それ自体の体裁等 (165)／(5) 遺言内容それ自体の複雑性、遺言の動機・理由、遺言者と相続人との人的関係・交際状況、遺言に至る経緯等 (165)／(6) 遺言書の保管状況、発見状況等 (165)／(7) 私文書の成立の真正に関する推定 (165)
6 遺言無効確認の訴えの主要な争点2──方式違背 ── 166
  (1) 遺言の方式違背 (166)／(2) 自筆証書遺言の方式 (166)／
  (3) 公正証書遺言の方式 (167)
7 遺言無効確認の訴えの主要な争点3──遺言能力 ── 168
  (1) 遺言能力 (168)／(2) 遺言無能力の立証責任・判断基準 (168)
8 遺言書を作成する立場からの視点 ── 171
【Answer】── 172
◀相続法改正▶ 自筆証書遺言の見直し ── 172

Ⅱ … 遺言事項──「相続させる」旨の遺言・遺贈・認知・廃除・遺言執行者の指定 ── 173

[Case] ── 173
[Check List] ── 175
【解説】
1 遺言事項 ── 177
  (1) 法定相続に関する事項 (177)／(2) 相続以外の財産処分に関する事項 (177)／
  (3) 身分上の事項 (177)／(4) 遺言の執行に関する事項 (177)／(5) 著作物に係る人格

的利益の保全（177）／**(6)** 解釈によりなしうるとされる事項（177）
2 「相続させる」旨の遺言 ── 178
　(1) 実務の中から生まれた「相続させる」旨の遺言（178）／**(2)** 「相続させる」旨の遺言の法的性質（178）
3 遺贈 ── 179
　(1) 遺贈とは（179）／**(2)** 条件付遺贈・負担付遺贈（180）／**(3)** 遺贈の当事者（180）／**(4)** 遺贈の効力（181）／**(5)** 遺贈の放棄（181）／**(6)** 遺贈の無効（181）／**(7)** 遺贈の取消（182）
4 子の認知 ── 182
　(1) 認知とは（183）／**(2)** 認知能力（183）／**(3)** 認知に承諾が必要な場合（183）／**(4)** 遺言による認知の効力および認知する場合の注意点（183）
5 推定相続人の廃除 ── 184
　(1) 推定相続人の廃除とは（184）／**(2)** 廃除事由およびその判断基準（184）／**(3)** 遺言による廃除における立証の困難性（185）／**(4)** 推定相続人を廃除する遺言作成時の留意点（185）
6 遺言執行者の指定 ── 186
　(1) 遺言の執行（186）／**(2)** 遺言執行者の指定（187）／**(3)** 主な遺言執行行為（187）
【 *Answer* 】── 188
◀相続法改正▶ 相続の効力等に関する見直し ── 188

III … 夫婦の遺言 ── 将来取得予定の財産を「相続させる」遺言・予備的遺言 ── 190

［Ｃａｓｅ］── 190
［Ｃｈｅｃｋ Ｌｉｓｔ］── 191
〔 解 説 〕
1 将来取得予定の財産を「相続させる」旨の遺言 ── 192
2 予備的遺言 ── 192
　(1) 予備的遺言とは（193）／**(2)** 遺言者死亡以前に受遺者が死亡した場合の予備的遺言（193）／**(3)** 「相続させる」旨の遺言に対する予備的遺言（193）／**(4)** 相続の放棄ないし遺贈の放棄に備える予備的遺言（194）
【 *Answer* 】── 194

IV … 事業者の遺言 ── 特別受益者の持戻し免除の意思表示・事業承継における遺留分対策 ── 196

［Ｃａｓｅ］── 196
［Ｃｈｅｃｋ Ｌｉｓｔ］── 197
〔 解 説 〕
1 特別受益に関する意思表示 ── 198
　(1) 特別受益とは（198）／**(2)** 被相続人の持戻し免除の意思表示（199）／**(3)** 相続財産

の一部のみを「相続させる」旨の遺言と特別受益の持戻し（200）／**(4)** 遺留分を侵害する持戻し免除の意思表示の効果（200）
2 遺留分制度の意義と事業承継における遺留分対策の必要性 —— 201
3 遺留分の事前放棄 —— 201
4 遺留分減殺についての別段の意思表示 —— 202
   (1) 遺留分減殺の順序（202）／**(2)** 遺留分減殺についての別段の意思表示（202）／**(3)** 民法1034条の目的の価額（203）
5 中小企業円滑化法上の遺留分に関する民法の特例 —— 203
   (1) 遺留分に関する民法の特例（203）／**(2)** 平成27年度円滑化法改正（204）
6 事業承継税制の改正 —— 204

【*Answer*】—— 205

◀相続法改正▶ 遺留分制度の見直し —— 206

事項索引 —— 207
判例索引 —— 210

凡　例

【法令】
　本書において法令を示すときは、平成 30 年 12 月 30 日現在のものによっている。なお、かっこ内で参照条文を示すときは、法令名について以下のように略記した。

民	民法
一般法人	一般社団法人及び一般財団法人に関する法律
戸籍	戸籍法
通則法	法の適用に関する通則法
出入国管理法	出入国管理及び難民認定法
円滑化法	中小企業における経営の承継の円滑化に関する法律
民訴	民事訴訟法
家事	家事事件手続法

【判例】

最大判（決）	最高裁判所大法廷判決（決定）	高民	高等裁判所民事判例集
最判（決）	最高裁判所小法廷判決（決定）	東高民	東京高等裁判所民事判決時報
高判（決）	高等裁判所判決（決定）		
地判（決）	地方裁判所判決（決定）	判時	判例時報
家審	家庭裁判所審判	家月	家裁月報
民録	大審院民事判決録	家判	家庭の法と裁判
民集	最高裁判所民事判例集	判タ	判例タイムズ
集民	最高裁判所裁判集民事	労判	労働判例

相続紛争処理のためのブックガイド

■入門に適した1冊■

上原裕之＝高山浩平＝長秀之編著
『**遺産分割〔改訂版〕**』（青林書院、平成26年）

裁判官（初版刊行当時）が執筆した文献。実務的な論点を簡潔に網羅しており、ビギナーが読むには最適。比較的平易な内容だが、中身はしっかりしている。

■必ず読むべき1冊■

片岡武＝菅野眞一編著
『**家庭裁判所における遺産分割・遺留分の実務〔第3版〕**』
（日本加除出版株式会社、平成29年）

実務本としては必携。最新の第3版では預貯金債権と遺産分割に関する最大決平成28・12・19後の実務運用にもふれられており、遺産分割調停に携わる場合には、確実に目を通しておくべき1冊。

司法研修所編
『**遺産分割事件の処理をめぐる諸問題**』（法曹会、平成6年）

内容的には『家庭裁判所における遺産分割・遺留分の実務』と重複しているところがあり、出版時期も若干古いが、司法研修所編であり、実務において裁判官・書記官が必ず参照している1冊。

■必ず読むべき論文■

小田正二ほか
「**東京家庭裁判所家事第5部における遺産分割事件の運用**」判タ1418号（平成28年）32頁

田中寿生ほか
「**遺産分割事件の運営（上）**」判タ1373号（平成24年）54頁

東京家庭裁判所家事5部の運用について、平成24年および28年に、東京家庭裁判所の部総括判事を筆頭に、複数の裁判官および主任調査官によって作成された必読の論文。東京家裁の運用であるが、書式なども充実しており、全国どの地域でも参考になるものである。

東京地方裁判所民事部プラクティス委員会第2委員会
「遺言無効確認請求事件を巡る諸問題」判タ1380号（平成24年）4頁

石田明彦ほか
「遺言無効確認請求事件の研究（上）（下）」判タ1194号43頁、1195号81頁（平成18年）

土井文美
「遺言能力（遺言能力の理論的検討及びその判断・審理方法）」判タ1423号（平28）15頁

遺言無効確認請求事件に携わるにあたって必読の論文。特に、「遺言無効確認請求を巡る諸問題」では、遺言無効の要件事実及び立証責任、主要な争点及びその判断基準、立証方法、書式例までが網羅されており、実務の指標となっている。

■ 手元に置くべき 1 冊 ■

埼玉弁護士会編
『遺留分の法律と実務──相続・遺言における遺留分減殺の機能〔第2次改訂版〕』（ぎょうせい、平成30年）
遺留分に特化して、さまざまな論点について解説されている文献。

田村洋三＝小圷眞史編著
『実務　相続関係訴訟──遺産分割の前提問題等に係る民事訴訟実務マニュアル〔補訂〕』（日本加除出版株式会社、平成29年）
相続をめぐるさまざまな類型の訴訟について解説された文献であり、類型ごとの請求の趣旨や請求原因等の記載例も挙げられている。

松原正明
『判例先例相続法Ⅰ～Ⅴ〔全訂〕』（日本加除出版、平成18～24年）
実務上の争点ごとに重要判例とその要旨がコンパクトにまとめられている。判例数が豊富で、実務上の争点を網羅的に概観することができる。

雨宮規夫＝石田敏明編著
『遺産相続訴訟の実務』（新日本法規、平成12年）
遺産相続の分野以外でも定評の新日本法規社の実務シリーズ。遺産相続の分野でも、実務の運用を含め各相続の論点が網羅的に掲載されており、かつ内容も深く掘り下げられている。

長山義彦＝篠原久夫＝浦川登志夫＝西野留吉＝岡本和雄
『家事事件の申立書式と手続〔新版補訂〕』（新日本法規、平成29年）
遺産相続の分野だけではなく、家事事件一般の申立書式や、手続に関わる費用その他の解説を網羅した書籍。書式への記載例が具体的に記載されており、また家事事件一般の保全処分その他雑事件の申立てに関する情報も充実している。

司法研修所編
『渉外家事・人事訴訟事件の審理に関する研究』（法曹会、平成22年）
総論では国際私法の基本的な知識や、調停・審判申立時の手続等の説明、各論では事件の類型ごとに検討を要する点を整理し、判例や実務の対応を解説している。コンパクトで読みやすいが内容は濃い。出版後の法改正に対応していない点は注意を要する。

第 1 章

遺産分割手続

第1章 ● 遺産分割手続

I…事件受任時の注意事項

Case

母X（被相続人）の遺産分割について、長女Aと次女Bが相談に来ました。父Yはすでに亡くなっており、その際には、相続税対策のためXが単独でYの遺産である土地建物を相続しました。

AとBには弟の長男Cがいます。Cは結婚してから実家にはまったく寄り付きませんでしたが、Yの死後、Xを勝手に自宅に近い施設に入所させ、AとBには面会も連絡もさせてくれない状況でした。X名義の預貯金などは、現在もすべてCが管理しています。

Xの遺産分割事件を受任するにあたり、どのような点に注意すべきでしょうか。

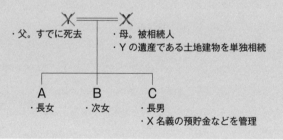

＊＊＊

ノボル：Cは、母Xを抱え込んで遺産を独り占めするつもりだったのでしょうか。油断できませんね。急いだ方がよいと思い、AさんとBさんが帰った後、さっそくお二人のご自宅宛に遺産分割交渉の委任契約書と委任状の用紙を送っておきました。

兄 弁：ちょっと待った！ AさんとBさんのお二人と委任契約書を締結しよう

としているのかい？　それなら、お二人にしっかりと説明しておかなければならないことがあるんじゃないかな。

ノボル：えっと、AさんとBさんに利益相反が生じるかもしれない、ということですか？

兄　弁：そうだね。すぐに連絡して2人に説明しなければいけないね。契約書の文言も工夫する余地があると思うよ。

ノボル：わかりました。すぐに対応します！
　　　　で、委任契約を締結したら、まずは受任通知をCに送ればよいですか？

兄　弁：その前に、相続人や遺産の内容など、基本的な情報を確認しておく必要があるね。どのような資料を集めればよいか、わかるかい？

ノボル：関係者の戸籍謄本と、Xさんの自宅の登記事項証明書を請求します。預貯金は、Cがすべて管理していたので、AさんもBさんもどの銀行に口座があるかよくわからないと言っています。……でも、口座を探すことなんてできるんでしょうか？　仮に口座がみつかっても、個人情報を盾にして銀行は情報を開示してくれないと思いますけど。

兄　弁：いや、実務上、金融機関は相続人の1人に対して取引経過を開示する義務を負うとされているよ。預金口座の調査方法はあとで説明するとして、他にも調査すべきことがないかよく考えてごらん。そのうえで、依頼者の手間や負担を減らすために、調査に必要な委任状や費用は事前にまとめて預っておいた方がいいよ。

ノボル：えっ、戸籍や固定資産評価証明書は職務上請求できるはずですから、遺産分割協議の委任状だけもらえばよいのではないですか。

兄　弁：それはどうかな？　それでは、取得すべき資料や書面について一つひとつ検討してみようか。

Check List
□ 過去の経緯や紛争状況について十分に聴取したか［→ **1**、**2**］
□ 依頼者間の利益相反の可能性について検討したか［→ **3**］

Ⅰ 事件受任時の注意事項

□ 依頼者の間で利益相反が生じた場合の対処について説明を尽くしたか〔→ 3〕
□ 被相続人の出生から死亡までの戸籍謄本・除籍謄本は取得したか〔→ 5〕
□ 被相続人に婚外子はいないか。婚姻は一度だけか〔→ 5〕
□ 被相続人に養親・養子はいないか〔→ 5〕
□ 被相続人は自宅以外に不動産を所有していないか〔→ 5〕
□ 不動産の評価に関する資料はあるか〔→ 5〕
□ 被相続人名義の預金口座、有価証券、金融商品について調査したか〔→ 5〕
□ 遺産の中に高額の動産が存在する可能性はないか〔→ 5〕
□ 遺言の有無について聴取したか〔→ 5〕
□ 公正証書遺言の検索または閲覧・謄写を行ったか〔→ 5〕
□ 必要な資料の収集にどれくらいの実費が必要か〔→ 6〕

〔解 説〕

1 遺産分割事件の特徴

　遺産分割事件も一般の民事事件と共通するところが多いが、親族間の争いであるがゆえに、当事者の感情的対立が激しい場合が少なくない。

　また、特別受益や寄与分などが過去にさかのぼって争われるために、客観的な証拠が散逸している場合が多いことも特徴の１つである。遺産分割が長期間行われず、その間に数次の相続が発生している例も実務上少なくない。そのような場合には、相続人や遺産の範囲といった前提事実の確定にも困難が生じる。

　なお、特に相続開始前においては、相続税対策との関連で法律相談を受ける場合が多い。平成 27 年の税制改正により相続税の課税対象

が広がる一方、生前贈与について各種の税額控除制度等が設けられるなどしており、依頼者の相続税対策に関する関心は高まっている。弁護士が遺産分割に関する相談を受けるにあたっても、税務の基本的な知識は欠かせない。

2 事件を受任する際のポイント

(1)ヒアリングの重要性　依頼者からていねいにヒアリングを行い、時系列を追って客観的な事実関係を確認する必要性は、遺産分割事件も一般の民事事件と異ならない。

　もっとも、遺産分割事件の特徴をふまえ、一般の事件以上に時間をかけて依頼者から聴取を行い、感情的な納得を得るよう努めるべきである。

　ヒアリングにおいては、古い郵便物や日記なども手掛かりにしつつ、依頼者の記憶を喚起するように努め、過去の経緯や紛争状況について聞き出すことも必要である。

(2)身分関係等の確認　被相続人の身分関係、相続人の範囲、遺産の内容その他の前提事項については、後述のとおり客観的な資料の収集に努め、できるだけ早期に、かつ正確に把握する必要がある。

(3)他士業との協力　相続に関する税務や登記の実務等については、文献等で基本的知識を備えることも必要であるが、依頼者には最新の情報を正確に伝える必要があるため、税理士・司法書士などの専門家に協力してもらうことが重要である。

3 共同相続人の複数から依頼を受ける場合の注意点

(1)利益相反の可能性　共同相続人の複数から遺産分割事件の依頼を受けた場合には、依頼者の間で利益が相反する可能性があるため注意を要する。

　依頼者の利益と他の依頼者の利益が相反する事件は受任できない（弁護士職務基本規程28条3号）。遺産分割事件においては、共同相続

人である複数の依頼者の意見や方針が一致している場合には、利益相反の状態が顕在化しておらず受任が可能であるが、依頼者全員の同意を得た場合を除き（同条柱書ただし書）、依頼者同士が対立することになればすべての依頼者との関係で辞任その他の適切な措置をとらなければならない（弁護士職務基本規程 42 条）。

なお、遺産分割事件における利益相反は、弁護士職務基本規程 28 条 3 号ではなく、同規程 27 条 1 号（相手方の協議を受けて賛助し、または依頼を承諾した事件）の問題であるとする見解も有力である。この見解によると、利益相反が顕在化した以上、依頼者の同意を得ても受任禁止は解除されないことになる。

(2) 依頼者への説明　事件処理の途中で辞任することは、依頼者に不利益を与え、「弁護士から放り出された」などと悪感情を生む原因にもなるため、慎重な配慮が求められる。

委任契約時に、依頼者間で利益相反が顕在化した場合の対処について、ていねいに説明するとともに、報酬見積書に依頼者各人の意見や方針を記載したり、契約書に辞任に関する条項を設けたりする工夫も必要であろう。利益相反のリスクを完全に払拭するためには、受任当初から法律事務所を異にする別々の弁護士が代理人となることが望ましいといえる。

(3) 調停・和解が成立する場合　法律上双方代理が禁止されることから（民 108 条）、代理人弁護士が複数の依頼者を代理する場合、遺産分割調停成立時には、すべての依頼者から利益相反に関する承諾書を提出させる取り扱い、または 1 人の依頼者を除いて代理人を辞任し、その他の依頼者には本人の出頭を求める取り扱いのいずれかがなされるのが、実務では一般的である。

4　遺産分割の前提事項と前提問題

(1) 遺産分割の前提事項　遺産分割手続を進めるにあたっては、①相続人の範囲、②遺産の範囲、③遺産の評価などの前提事項を確定す

る必要がある。

(2)遺産分割の前提問題　遺言書の効力・解釈や遺産分割協議書の効力、特定の財産が相続財産（相続開始時に被相続人に帰属する財産）に含まれるか否かなどの問題は、遺産の分割方法を定める前に解決する必要がある。

いずれも実体法上の原則的に権利関係の存否に関する事項であるから、争いがある場合には、遺言無効確認の訴え、遺産分割協議無効確認の訴え、遺産確認の訴えなどの訴訟手続によって確定すべきである。

前提問題に争いがある場合に、家庭裁判所が審判手続においてその存否を審理判断したうえで遺産分割を行うことも可能であるが（最大決昭和41・3・2民集20巻3号360頁）、実体的権利の存否に関する判断については既判力が生じない。

5　遺産分割の前提事項の調査方法

(1)被相続人の身分関係　被相続人の本籍地の市区町村に対し、除籍事項証明書を請求し、死亡時の住所地および死亡年月日を特定する。

(2)相続人の有無および範囲　①被相続人の出生時から死亡に至るまでの戸籍（除籍）謄本を取得して、被相続人の直系卑属（子）の有無を確認する。

一般的にはコンピュータ化前の改正原戸籍謄本を取得し、そこから婚姻による転籍前の戸籍や、分籍前の戸籍をたどり、各記載の本籍地の市区町村に除籍謄本を請求していくことになる。昭和22年の民法改正以前には、家督相続や分家による戸籍の移動もあるので注意が必要である。

なお、非嫡出子は母親の戸籍に入るが、父親が認知すればその戸籍上に「認知をした子」として氏名が記載されることになる。

②兄弟姉妹が相続人となる場合には、被相続人の両親の出生から死亡に至るまでの戸籍（除籍）謄本を取得して、他に兄弟姉妹がいないかを確認する必要がある。

両親が離婚・再婚をしている場合や、養子縁組をしている場合には、依頼者が認識していなかった相続人が判明する場合もあるので、注意が必要である。

(3) 不動産の確認　被相続人の自宅など、相続財産の中に不動産があることが判明している場合には、最寄りの法務局、同支局または出張所に登記事項証明書を請求して不動産を特定する。

遠方の実家など「あの辺に不動産をもっていたはず」とはわかるものの、詳細が不明な場合には、不動産があると思われる市区町村の固定資産税を担当する部署に対して、被相続人の所有物件について「土地・家屋名寄帳」を請求すれば、固定資産税の課税台帳に記載された同市区町村内の被相続人の所有不動産の一覧が取得できる。なお、固定資産税評価証明書は裁判所に提出する場合以外は職務上請求できないことにも注意を要する。

(4) 預貯金の有無および内容　①被相続人がどの金融機関に預貯金口座を有していたかが判明している場合には、当該金融機関（支店・出張所等）に対して、残高証明書や取引明細書を請求する。各金融機関とも、原則的に相続人（およびその代理人）からの請求であれば請求に応じてくれる。

なお、相続人からの照会請求の場合には、支店や出張所を特定できないときでも、弁護士会照会を利用するなどすれば、全店舗の口座を照会してくれる金融機関もある。

②被相続人がどこに預貯金口座を有していたか不明の場合には、遺品の中からキャッシュカードや通帳を探したり、被相続人宛の郵便物の中から金融機関からのものを探したりすることによって、口座が存在する可能性のある金融機関を調査する。被相続人が使っていたパソコンを探索することによって、被相続人が口座を有するインターネットバンクを特定できる場合もある。

③相続税申告に関しては、相続開始時点での預貯金残高が相続税評価額となるが（そのため相続開始日における残高証明書が必要となる）、

法律上遺産分割の対象となるのは遺産分割時点での残高である（本章III〔28頁〕参照）。一部の相続人による預金の引き出し等が疑われる場合には、被相続人が口座を有する金融機関に対し、相続開始前の一定期間から照会日現在までの取引明細書を請求するとよい。

(5) 株式等の有無および内容　預貯金と同様に、口座を有する証券会社が判明している場合には当該証券会社に、不明の場合には郵便物等から口座を有する可能性がある証券会社を特定して「取引残高報告書」や「顧客勘定元帳」を請求する。

(6) 債権債務　被相続人がカードローンやクレジットカードによるキャッシングを利用していた場合には、CICやJICCなどの信用情報機関に照会請求することによって、負債の有無や残高を確認することができる。

(7) 遺言の有無　遺言の存否が不明の場合であっても、平成元年以降に作成された公正証書遺言であれば、最寄りの公証役場において、被相続人の氏名や生年月日により遺言の有無を検索してもらうことができる。それ以前に作成されたものは、作成した公証役場、作成年月日、公正証書の番号等を特定できれば閲覧および正本・謄本の交付を請求できる。

6　調査に要する費用と時間

　上記の調査にあたっては、金融機関等から、資料を請求する相続人の地位を明らかにするため、被相続人とすべての相続人とのつながりがわかる戸籍（除籍）謄本の原本の提出を求められる場合が多い。資料請求時に原本の還付を希望する旨申し出れば還付を受けられるが、多数の金融機関等に対して資料を請求する場合には、あらかじめ戸籍（除籍）謄本を数通取得しておく、または法務局で法定相続情報証明書を取得しておくなどの工夫をすることによって、調査に要する時間を短縮することができる。

　資料の交付に手数料を求められる場合も多く、また遠方の市区町村

や金融機関との間で何度も郵送でのやり取りを重ねることもあるため、依頼者に対しては、調査に要する費用の見込みについて説明し、ある程度の金額を預っておくとよい。

【 *Answer* 】

　共同相続人の複数から遺産分割事件の相談を受けた場合には、利益相反のおそれを回避するため、相続人ごとに別の弁護士が代理人になることが望ましい。受任する場合には、万が一利益相反が顕在化した場合には辞任することがあることをしっかりと説明する必要があるとともに、説明内容などを記録に残す工夫も大切である。

　遺産分割事件を受任した場合には、依頼者の感情に最大限配慮しながら時間をかけて過去の経緯や紛争の状況をヒアリングする必要がある。そのうえで、相続人の範囲や遺産の範囲および評価等の前提事項については、速やかに客観的な資料の収集に努めるべきである。

　なお、遺産の帰属など遺産分割の前提問題が争点となっている場合には、遺産分割に先行して訴訟により権利関係を確定しなければならないので注意が必要である。

◀コラム▶ 遺言検認手続

　自筆証書遺言および秘密証書遺言については、検認手続が必要になります（民1004条）。司法統計によると、平成29年の遺言書検認の申立て件数は1万7394件で、平成15年との比較で5割増、平成20年との比較でも3割増となっています。その背景には、高齢化の進展により遺言の作成件数自体が増加していることに加え、マスコミや弁護士会等が遺言の作成を推進してきたことなども影響していると思われます。

　遺言検認を申し立てる際には、相続人の範囲を確定するために必要な戸籍謄本一式の添付が必要となるため、手続を迅速に進めるためには、相談を受けた段階で法定相続情報証明書の利用を検討する

とよいでしょう。

　遺言検認の申立てがあると、家庭裁判所は検認期日を指定して申立人および相続人に通知しますが、申立人以外の相続人が検認期日に出席しなくても、検認手続は行われます。民法上、封印のある遺言書（封筒に入れて糊付けしたうえで、封じ目に印鑑を押すなどしてある場合）の開封には相続人またはその代理人の立会が必要とされていますが（民1004条3項）、実務上はこの場合にも、立会の機会を与えるために通知をすれば足りるとされています。

　検認申立てから検認期日までの間は、原則として遺言書の保管者（多くの場合は申立人）が引き続き遺言書を保管することになりますので、当たり前ですが、保管者は期日に出頭する際には遺言書の原本を忘れずに持参する必要があります。

　なお、封印のされている遺言書を家庭裁判所の検認および開封手続によらずに開封した者には過料の制裁が科されるとされていますが（民1005条）、開封者の相続権が失われたり、遺言が無効になったりすることはありません。また、実務上、過料の制裁が科せられる例は稀だといわれています。

　検認期日においては、遺言書の現状を保管するために、裁判官が遺言書の封筒や用紙の外観、開封されている場合はその状況、文字の色や筆記具、印章その他遺言の方式に関する一切の事実を調査した結果を口頭で述べて、書記官がその内容を記載したうえで当該遺言書の写しを添付して遺言検認調書を作成します。

　検認手続が終了すると、検認済証明書の交付を受けることができます。証明書の交付申請には所定の収入印紙が必要となるので、事前に書記官に金額を確認して準備しておくとよいでしょう。

　自筆証書遺言または秘密証書遺言を執行する場合には、遺言書および検認済証明書が必要となります。金融機関によっては、遺言の執行に先立って口座の残高照会等を行う際にも遺言書の原本および検認済証明書の提示を求める場合がありますので、ここでも事前の確認が必要です。

◀コラム▶ 東京家庭裁判所における調停手続の運用

　東京家庭裁判所では、遺産分割事件はすべて専門部である家事5部（合同庁舎12階）に係属します。
　東京家庭裁判所家事5部では、①相続人の範囲、②遺産の範囲、③遺産の評価について合意を形成したうえで、④各人の相続分について、さらに⑤遺産分割の方法を話し合うという段階的進行モデルに従って調停が運用されています。東京家庭裁判所では、ホームページや庁内の配布物・掲示物、当事者に送付される調停書類等の中で上記運用を周知しており（13頁の図参照）、調停当日も、待合室のモニターには繰り返し上記運用を説明する映像が流されています。
　遺産分割調停では、当事者から、相続人の範囲や遺産の範囲に関する争点（遺産分割の前提問題）や、使途不明金の追及や葬儀費用の精算などに関する争点（遺産分割の付随問題）が主張されることが少なくありません。そのような場合にも、一部の事項（婚姻取消・養子縁組取消など）を除き、まずは相続人が誰であるかについて話し合って合意を形成し、そのうえで分割の対象となる遺産の範囲について話し合うように、段階的進行モデルに沿って争点の整理がなされています。
　もっとも、それらの争点を遺産分割調停の対象に取り込んだ場合、手続の長期化を招いた挙げ句、結局調停での解決は困難な場合が少なくありません。そのため、東京家庭裁判所では、相続人間での合意が難しいケースでは、前提問題・付随問題を解決するために訴訟等の手続をとることを先行させ、遺産分割調停はいったん取り下げるように促されることが通常です。依頼者は「なぜこの問題を調停で取り上げてもらえないのか」「調停委員は私たちに冷たい」などという不満を抱きがちであるため、代理人は、裁判所の運用をよく理解したうえで、あらかじめ依頼者に対し進行の見通しについて説明しておくことが大切でしょう。

遺産分割調停の進め方

東京家庭裁判所家事第5部

① **相続人の範囲**
誰が相続人かを確認します。
(注)
戸籍が事実と異なるなど相続人の範囲に問題がある場合には，人事訴訟等の手続きが必要です。
なお，相続人の中に認知症などで判断能力に問題がある方がいる場合には，成年後見等の手続きが必要です。

合意

② **遺産の範囲**
原則として，被相続人が亡くなった時点で所有していて，現在も存在するものが，遺産分割の対象となる遺産であり，その範囲を確定します。
(注)
遺言書や遺産分割協議書で分け方が決まっている財産は，遺産分割の対象になりません。誰かが遺産を隠したり，勝手に使ってしまったという場合には，遺産分割以外の手続きが必要になります。

合意

③ **遺産の評価**
遺産分割の対象となる遺産のうち，不動産等の評価額を確認します。

合意できない → 鑑定が必要です。鑑定費用は相続人の方にあらかじめ納めていただきます。

合意

④ **各相続人の取得額**
②で確認し，③で評価した遺産について，法定相続分に基づいて各相続人の取得額が決まります。ただし，法律の条件を満たす特別受益や寄与分が認められる場合には，それらを考慮して各相続人の取得額を修正します。

⑤ **遺産の分割方法**
④の取得額に基づいて，各相続人に分割します。
遺産の分割方法には，現物分割（その物を分けること），代償分割（物を分けるが，差額を金銭で調整すること），換価分割（売却して金銭を分配すること）などがあります。

合意

調停成立

（東京家庭裁判所HP（http://www.courts.go.jp/tokyo-f/vcms_lf/isanbunkatu_no_susumekata.pdf）から引用）

II…相続人の確定

Case

　学生時代から東京に住んでいるAさんの実家は中国地方にあります。15年程前に父Bが亡くなってから、実家は空き家のままだそうです。

　先日、実家の土地を介護施設の建設用地として購入したいという企業が現れたため、Aさんが登記事項証明書を取り寄せたところ、庭の一部にあたる甲土地が亡くなった叔父X（Bの兄）の名義になっていました。

　Xには妻も子もいませんので、AはXの相続人の1人（相続人Bの権利承継人）になります。もっとも、父親の兄弟はみな実家の周辺に住んでいたためAさんとは疎遠で、他の相続人が誰なのかさえ、わかりません。

　Aが実家の土地を売却するため、甲土地をA名義にするにはどのような手続が必要になるでしょうか。

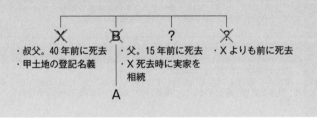

・叔父。40年前に死去　・父。15年前に死去　・Xよりも前に死去
・甲土地の登記名義　　・X死去時に実家を
　　　　　　　　　　　　相続
　　　　　　　　　　　A

・・・

ノボル：Aさんの実家は、元々は長兄のXのものだったものを、Xが亡くなったときにAさんのお父さんが相続したのだそうです。おそらく、その際に甲土地だけ相続登記を失念したのではないでしょうか。

兄　弁：そうかもしれないね。本件のように、長期間遺産分割がなされないまま、

　　　　　数次の相続が発生してしまう例は、実務上よく目にするね。
ノボル：Xの相続の時に、Bさんたち相続人が作成した遺産分割協議書をみつければ、甲土地もBが相続したことがわかるのではないでしょうか。そうすれば、相続登記ができますよね。
兄　弁：とはいえ、Xさんが亡くなったのは40年も昔のことだからね。はたして遺産分協議書がみつかるだろうか。関係者の手元にも残っていない可能性が高いのではないかな。
ノボル：じゃあ、いま生きている承継人全員で、甲土地の遺産分割協議をしなければならないのですか？
兄　弁：それも1つの方法だね。もちろん、調停や審判の利用を検討してもよいと思うよ。
ノボル：Aさんの説明によると、Xの兄弟はBさんを含めて4人ですから、X以外の3人が相続人ですね。
兄　弁：そうとは限らないよ。Xさんの両親の戸籍をさかのぼって確認しないと。
ノボル：えっ、Xさんの出生から死亡までの戸籍を確認するだけでは不十分なのですか？
兄　弁：ダメダメ、兄弟姉妹が相続人になる事案では、それだけでは足りないよ。異母兄弟や異父兄弟がいる可能性だってあるし、我々の祖父母の世代は養子縁組もめずらしくなかったわけだから、他に兄弟がいるかもしれないよ。
ノボル：ご両親までさかのぼって戸籍を確認するとなると、相当昔の戸籍まで取得しなければならないですよね。もし戸籍謄本が残っていなかったら、相続人を確定できず、遺産分割は不可能になってしまうのですか？
兄　弁：いやいや、方法はあるはずだよ。まずは可能な限り調査したうえで、調査不能な場合には対応を検討することにしようか。
ノボル：ご兄弟の中には、Xさんより早く亡くなった方もいるそうです。兄弟姉妹が相続人となる場合は、代襲相続は発生するけれども、再代襲相続は発生しないのですよね。間違えやすいところなので、民法の条文を確認しました。

兄　弁：そこは民法が改正された経緯があるから、相続開始の時期と照らし合わせて検討する必要があるよ。

> ### Check List
>
> □被相続人の出生から死亡までの戸籍謄本等を取得したか〔→ **1**〕
> □兄弟姉妹が相続人となる場合、両親の出生から死亡までの戸籍謄本等を取得したか〔→ **1**〕
> □被相続人の血族相続人は誰か〔→ **3**〕
> □被相続人に配偶者はいるか〔→ **3**〕
> □被相続人に婚外子はいないか。婚姻は一度だけか〔→ **3**〕
> □法定相続人の中に相続放棄した者はいるか〔→ **4**〕
> □子について、代襲相続・再代襲相続が発生しているか〔→ **4**〕
> □兄弟姉妹について、代襲相続が発生しているか〔→ **4**〕
> □兄弟姉妹について、再代襲相続が発生しているか（昭和55年12月31日以前の相続に限る）〔→ **4**〕
> □法定相続人の中に養子縁組した者はいるか〔→ **5**〕
> □法定相続人の中に胎児はいるか〔→ **6**〕
> □法定相続人の中に排除された者はいるか〔→ **7**〕
> □法定相続人の中に相続欠格とされた者はいるか〔→ **7**〕
> □相続人（権利承継人）の住民票を取得したか〔→ **8**〕
> □滅失・廃棄等のため取得できない戸籍謄本等があるか〔→ **8**〕
> □生死不明の相続人がいるか〔→ **8**〕
> □所在不明の相続人がいるか〔→ **8**〕

[解説]

1　相続人の範囲の調査
(1)戸籍（除籍）謄本の取得　相続人の範囲を調査するためには、被相続人の出生から死亡に至るまでの戸籍（除籍）謄本を請求する。兄弟姉妹が相続人になる事案では、その両親の出生から死亡に至るまでの戸籍（除籍）謄本を調査することも必要になる。

(2)戦災等により焼失した場合　戦災による焼失や津波による消失、保存期間経過による廃棄などによって戸籍（除籍）謄本を取得できない場合には、自治体に謄本が交付できないことについての「告知書」を交付してもらう。そのうえで取得できた戸籍（除籍）謄本で判明した限りの者を相続人として手続を進めることになる（なお、相続人が存在するらしいことはわかったが氏名が判明しない場合や、生死が不明の場合については後述 **8** を参照）。

2　法定相続情報証明制度
　不動産の相続登記手続、金融機関への口座照会、遺言の検認や調停の申立等の際には戸籍（除籍）謄本の原本の提出を求められる。そこで、登記所（法務局）の法定相続情報証明制度を利用して、被相続人と相続人の身分関係を 1 枚にまとめた「法定相続情報一覧図の写し」の発行を受ければ、各種窓口に戸籍（除籍）謄本の束を何度も出し直す費用や時間を節約できる。

　殊に、兄弟姉妹が相続人となる事案や、数次にわたり相続が発生している事案では、相続人の範囲を確定するために必要な戸籍（除籍）謄本の通数が相当数に及ぶ場合が少なくないので便利である。

　平成 30 年 4 月 1 日以降は、法定相続情報一覧図に戸籍に記載される続柄を記載すれば、相続税の申告書の添付書類としても使用できるようになっている。また、相続登記の際、法定相続情報一覧図に住所地を記載すれば、相続人の住民票の写しは不要である。

具体的な利用方法は法務省の HP（http://houmukyoku.moj.go.jp/homu/page7_000014.html）などに詳しく記載されている。

3 相続人の順位
(1) 血族相続人　①被相続人の子が相続人となる（民887条1項）。嫡出子または非嫡出子、実子または養子のいずれであるかを問わない。

②被相続人に子またはその代襲者（後記4参照）がいない場合には、直系尊属（被相続人の父母など）が相続人となる（民889条1項1号）。

③被相続人に上記いずれの相続人もいない場合には、兄弟姉妹が相続人となる（同項2号）。

(2) 配偶者　配偶者は常に血族相続人と同順位の相続人となる（民890条）。

4 代襲相続人
(1) 代襲相続の発生　被相続人の子または兄弟姉妹が、相続開始以前に死亡したとき、または相続欠格もしくは排除によって相続権を失ったときは、その者の子（孫や甥・姪）が代襲相続人となる（民887条2項・889条2項）。

被相続人の子または兄弟姉妹が相続放棄した場合には、代襲相続は生じない。

(2) 再代襲相続の発生　相続開始以前に被相続人の子の代襲者も死亡したときや、相続欠格・排除により代襲相続権を失ったときは、代襲者の子が被相続人を再代襲相続する（民887条3項）。兄弟姉妹には、再代襲相続はない。

なお、昭和55年の民法改正前には、兄弟姉妹についても再代襲相続が認められていたことには注意を要する。長期間遺産分割（不動産の相続登記など）が未了であった事案において相続人の範囲を確定する場合には、相続開始の時期が昭和55年改正の前か後かによって結論が異なることがある。

5　相続人の中に養子縁組した者がいる場合

(1)「養子」と「養親の血族」の関係　養子は、縁組の日から養親の嫡出子の身分を取得する（民809条）。したがって、養子は養親の相続人となる。

養子と養親およびその血族との間では、養子縁組の日から、血族間におけるのと同一の親族関係を生ずる（民727条）。したがって、養子は養親の直系尊属や兄弟姉妹との関係でも相続人となる。

(2)「養親」と「養子の血族」の関係　養親およびその血族と、養子の血族との間には親族関係は生じない。したがって、養子縁組前に生まれた養子の子は、「被相続人の直系卑属でない者」にあたり、代襲相続ができない（民887条2項ただし書）。

上記と反対に、養子縁組後に生まれた養子の子は、「被相続人の直系卑属」にあたり（大判昭和7・5・11民集11巻106頁）、養親の代襲相続人となりうる。

(3)継子（けいし）　被相続人が再婚している場合に、養子縁組していない配偶者の連れ子は相続人とならない。なお、昭和22年の民法改正前には、継子も法定血族として相続権が認められていたことには注意を要する。

(4)孫を養子とした場合　自分の孫を養子にした被相続人が死亡した場合などには、当該養子は、養子としての相続権と、孫としての代襲相続権を重複して取得することになる。

これに対し、被相続人が、生前に非嫡出子と養子縁組した場合には、当該養子は養子としての相続権のみを取得する（非嫡出子としての相続権は取得しない）。

6　相続人に胎児がいる場合

胎児は、相続についてはすでに生まれたものとみなされる（民886条）ため、相続人の範囲に含まれる。胎児が死体で生まれたときには当該規定は適用されないが（同条2項）、もし胎児を除外して遺産分

割を行った後で胎児が出生すると遺産分割が無効となってしまう。したがって、実務上は、胎児の出生前に遺産分割しなければならない特段の事情がない限り、出生まで遺産分割手続を待つべきであろう。

なお、胎児の権利能力は生きて生まれることを停止条件として認められるとする判例・通説の立場（停止条件説。大判大正6・5・18民録23輯831頁）からは、出生前に母を法定代理人として遺産分割協議を行うことはできないと解される。

7 相続欠格・廃除

(1)相続欠格　民法に定められた欠格事由に該当する者は相続人となれない（民891条）。受遺者としての資格も認められない。

実務上は遺言書の偽造・変造、破棄または隠匿（同条5号）が主張されることが多いが、同号の欠格事由に該当するには、所定の行為を行う故意に加えて相続に関して不当な利益を取得する動機・目的（二重の故意）が必要だとされている（最判平成9・1・28民集51巻1号184頁）。

相続人が共同相続人の相続欠格を主張して争う場合には、相続権または相続分不存在確認請求訴訟を提起する必要がある。

(2)推定相続人の廃除　遺留分を有する推定相続人（したがって兄弟姉妹は含まれない）に非行等の事由がある場合には、被相続人は家庭裁判所に廃除の審判を申し立てることができる（民892条）。遺言によって廃除の意思表示をした場合には、遺言執行者が遅滞なく廃除の申立てを行う（民893条）。廃除の審判が確定すると当該被廃除者は相続資格を失うことになる。

(3)代襲相続の発生　相続人が相続欠格もしくは排除によって相続権を失ったときは、その者の子が代襲相続人となる（民887条2項・889条2項）。

8 相続人中に生死不明者・行方不明者がある場合

(1) 相続人の調査が困難な場合　　相続人等の戸籍が特定できたときには、戸籍附票を取得して住所を特定する。もっとも、市町村長は転出・死亡・転居等があったにもかかわらずその届出をしない者がある場合には、職権で住民票を消除することができる（住民基本台帳法8条）。そのような場合には相続人の住所を特定することができず、遺産分割協議や調停・審判の申立が困難になる。

　また、長期間遺産分割手続が放置されたり、数次の相続が発生したりした事案においては、相続人の範囲を調査する際、戦災による焼失や、保存期間経過後に廃棄されるなどしたために戸籍（除籍）謄本を取得できない場合がある。そのような場合に、相続人（または相続人の権利承継人。以下あわせて「相続人等」という）が存在するらしいことまではわかっても、当該相続人等の氏名が判明しない場合や、氏名は判明するものの戸籍の記載からは生死が不明の場合がある。

(2) 調査が困難な場合の対応方法　　相続人等が存在することは確かだが調査を尽くしても住所・居所が不明の場合には、家庭裁判所に「不在者財産管理人」の選任を申し立て、遺産分割調停や審判手続を行うことができる。この場合、不在者の従来の住所地または居所地（家事145条）も最後の住所地（同法4条）も不明であることが多いため、管轄裁判所は財産の所在地、または家事事件手続規則6条が定める地（東京都千代田区）を管轄する家庭裁判所になることが多い（家事7条）。

　生死不明者・行方不明者が失踪宣告の要件（民30条）を満たす場合には、失踪宣告の申立てにより、同人の相続人との間で遺産分割手続を行える場合もある。

　もっとも、事案によっては（後掲コラム参照）、生死不明者・行方不明者に対しては公示送達によって遺産分割審判の手続を進めてもらえる場合もあるので、具体的な事案に応じて裁判所に問合せをしたうえで手続を進めるとよい。

【 *Answer* 】

　甲土地に関しては、X→Bの相続の後にB→Aの二次相続が発生しているが、いずれも遺産分割が行われないまま放置されている。そのため、AはXの相続人およびその権利承継人との間で遺産分割手続によって甲土地の所有権を取得し、相続登記を経由する必要がある。

　遺産分割手続を進めるにあたっては、誰が相続人であるか（相続人の範囲）が最初に確認すべき前提事項となるため、戸籍（除籍）謄本を取得して身分関係を調査する。収集した資料に基づいて相続人の範囲を確定する際には、養子縁組した者や代襲者・再代襲者については相続権の有無を間違えやすいので要注意である。

　相続人またはその権利承継人の中に住所や所在が不明の者がある場合には遺産分割協議を行うことができないため、遺産分割審判を申し立て、住所や所在不明の者に対しては公示送達手続を行うことが考えられる（なお、このような場合でも職権で調停回付されることが通常である）。時効取得を主張立証できる事案であれば、所有権確認請求訴訟の提起も検討の余地がある。

　もっとも、事案によっては不在者財産管理人の選任等を求められる場合があるので、事案に応じて裁判所とよく協議しながら手続を進める必要がある。

◀コラム▶ 不在者財産管理人

　ある者が財産を放置したまま従来の住所または居所を去って行方不明になった場合に、その財産を管理する必要があるときは、家庭裁判所は、利害関係人または検察官の請求により、不在者財産管理人の選任その他の必要な処分を命ずることができます（民25条1項）。

　不在者の財産の中に未分割の遺産があるとき、すなわち相続人の中に不在者がいるときには、遺産分割を行うために不在者財産管理人の選任が必要になる場合があります。なお、不在者である相続人が失踪宣告の要件（民30条）を満たす場合には失踪宣告によって

相続関係を処理することも可能ですし、遺産分割の前提問題等に争いがなく、かつ法定相続分に従って遺産分割を行う場合には遺産分割審判を利用する（不在者に対しては公示送達を行う）ことも可能です。したがって、相続人の中に不在者がいるからといって必ずしも不在者財産管理人の選任が必要となるわけではないことには注意を要します。

　不在者財産管理人選任は、不在者の従来の住所地または居所地を管轄する家庭裁判所に対して申し立てますが（家事145条）、従来の住所地または居所地が不明な場合には、当該財産の所在地を管轄する裁判所に申し立てることになります（同法7条）。

　不在者財産管理人選任の申立てをする場合には、警察署長の発行する家出人届出受理証明書や、不在者あての手紙が「あて所に尋ね当たらず」の理由で返送されたもの等、不在の事実を証する資料が必要となりますが、その収集に時間を要する場合が少なくありません。申立書には財産管理人の候補者を記載することもできますが、裁判所によっては候補者を受け付けない場合や、受け付けている裁判所でも事案によっては候補者以外から財産管理人を選任する場合がありますので、事前に裁判所に確認した方がよいでしょう。なお、第三者から財産管理人が選任される場合、裁判所により異なりますが30～50万円程度の予納金が必要となります。

　不在者財産管理人は、保存行為や、目的物や権利の性質を変えない範囲における利用や改良行為（民103条）を行うことができますが、これらを超える行為には家庭裁判所の許可が必要となります（民28条）。そのため、不在者財産管理人が遺産分割協議を行う場合には、この権限外行為の許可が必要となります。

　実務上、不在者財産管理人との間で遺産分割を行う場合には、不在者が不当な不利益を受けないように、不在者が法定相続分を下回る相続分しか相続しない場合には、他の相続人が不在者のために法定相続分以上のお金を預かり、不在者が戻ってきた（帰来した）ときには預っていた金を支払うという「帰来時弁済型」の遺産分割が多く利用されているようです。

III…遺産分割の対象となる財産

Case

Bさんの父Xは、5年前に亡くなりました。母Yはすでに亡くなっていたため、相続人はABCの兄弟3人です。

Xは、実家の土地建物の他に、隣接する土地建物も所有してアパートを経営していました。Xは、実家の土地を購入する際、「将来長男Aが『離れ』を建てるために」という理由で、何筆かのうち甲土地だけは当時まだ幼かったA名義で登記しました。Aは結婚後、甲土地上に「離れ」を建てて家族で暮らし、アパートの賃貸管理も行っています。

Xの死後、Bは何度か兄弟に遺産分割を呼びかけましたが、Aが一向に応じようとせず、アパートの賃料や預貯金、投資信託や国債などの金融商品もすべてAが管理したまま、BCには一切金銭を渡しません。Bの話によると、AはX名義の預貯金からかなりの金額を使い込んでしまったようです。

BCが遺産分割調停を申し立てる場合、どの財産が遺産分割の対象になるのでしょうか。

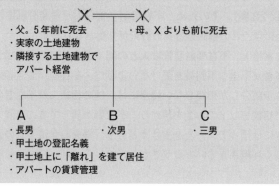

ノボル：長男のAさんが、事実上Xの遺産を独り占めしていて、そのうえ貯金を使い込んでしまったのですね。

兄　弁：Xの死後、その預貯金が引き出されて残高が減少してしまったり、反対にアパートから賃料収入が生じたりしているけれど、このような場合、何をもって相続の対象となる財産だと考えるのかな。

ノボル：民法は「相続人は、相続開始の時から、被相続人の財産に属した一切の権利義務を承継する」と規定しているのですから、相続開始時点で存在した財産が、相続の対象になるわけですよね。

兄　弁：そうだね。そうすると、相続開始時にはXの預金口座にあったけれど、そのあとにAが引き出してしまった金銭は、遺産分割調停で遺産分割の対象になるのかな。

ノボル：相続の対象に含まれる以上、当然に遺産分割の対象になるのではないのでしょうか。そうでなければ、預金を使い込んだAの「やり得」を許すことになりかねませんし。

兄　弁：うーん……。反対に、Xの死後、遺産分割未了の間に生じた賃料収入や、預貯金の利息収入についてはどう考えるのかな。

ノボル：相続開始時に被相続人に帰属した財産ではない以上、遺産分割の対象にはならないと思います。

兄　弁：なるほど。原則論からすればノボル君のように考えられるかもしれないけれど、実務の扱いは必ずしもその通りではないね。相続の対象となる財産と、手続上遺産分割調停・審判の対象になる財産は、分けて考える必要があるよ。
　　　　ところで、そもそも預貯金は遺産分割手続の対象になるんだっけ？

ノボル：はい。これまで相続開始と同時に当然に相続分に応じて分割されるとされてきましたが、最近の判例で、遺産分割の対象になるとされました。

兄　弁：そのとおり。投資信託や国債などの扱いもあわせて、判例の考え方を確認しておくとよいね。

> **Check List**
> □被相続人の自宅以外に不動産はないか［→ **1**］
> □不動産の登記事項証明書を取得したか［→ **1**］
> □土地・家屋名寄帳を取得したか［→ **1**］
> □金融機関から預貯金の取引明細書を取得したか［→ **1**］
> □証券会社の取引残高報告書や顧客勘定元帳を取得したか
> ［→ **1**］
> □被相続人に債務はないか［→ **1**］
> □被相続人が養育費や財産分与の履行義務を負っていないか
> ［→ **2**］
> □生命保険金は支給されるか。保険金の受取人と他の相続人との間で著しい不公平が生じないか［→ **3**］
> □死亡退職金や弔慰金などは支給されるか。支給規定を確認したか［→ **3**］
> □預貯金からの使途不明の引出し・送金はあるか［→ **4**］
> □相続開始後に利息や株式配当等の収入があるか［→ **5**］
> □相続開始後に賃料等の収入があるか［→ **7**］
> □相続開始後に換価処分された財産はあるか［→ **8**］
> □被相続人以外の名義だが遺産に含まれる可能性のある財産はあるか［→ **10**］
> □相続人間で遺産の範囲について争いがあるか［→ **10**］

［解説］

1 相続の対象となる権利

　相続人は、相続開始の時から被相続人の財産に属した一切の権利義務を承継する（民896条）。一切の権利義務の中には債権債務や契約

上の地位なども含まれる。これを「相続財産」ということがある。
（相続財産の調査についての詳細は、本章Ⅰ5〔7頁〕参照）。

相続財産の中で相対的に経済的価値が高い不動産については、被相続人の自宅だけではなく、被相続人が親から相続した不動産や投資用に購入した不動産の有無も調査すべきである。その際、自治体が固定資産税の課税対象である土地家屋を所有者ごとに一覧表にまとめた「土地・家屋名寄帳」を取得すると便利である。

2　相続の対象とならない権利

(1) 一身専属権　一身専属権は相続の対象とならない（民896条ただし書）。扶養請求権、財産分与請求権等は原則的に一身専属権として相続性が否定されるが、調停・審判等により具体的内容が確定している場合には相続財産となる（東京高決昭和52・10・25判タ399号130頁）。

(2) 契約上の地位　使用貸借における借主の地位（民599条）や委任契約上の地位（民653条）などは、明文で相続性が否定されている（その他に民111条・552条・679条等）。また、雇用契約における労働者の地位も相続性がないと解されている（幾代通＝広中俊雄編著『新版注釈民法（16）債権（7）』（有斐閣、平成元年）68頁〔幾代〕）。

(3) 不動産賃借権　不動産賃借権は相続財産に含まれるが、公営住宅を使用する権利は、公営住宅法の目的や入居者の資格制限、および選考方法等に照らして相続財産には含まれないとされている（最判平成2・10・18民集44巻7号1021頁）。

(4) 祭祀財産　祭祀財産は祭祀の主宰者が承継し（民897条）、相続の対象にはならない。遺体・遺骨は祭祀財産に準じて扱われる（最判平成元・7・18家月41巻10号128頁）。

3　相続人等の固有財産

(1) 保険金　生命保険金は受取人が指定されている場合には当該指

定に基づき、受取人の指定がない場合には保険約款に基づき、いずれも保険金の受取人の固有財産になるから、相続の対象にはならない（最判昭和40・2・2民集19巻1号1頁）。損害保険に分類される傷害保険の死亡保険金なども基本的には同様である。

　ただし、例外的に死亡保険金が受取人の特別受益として扱われる場合があるので（最決平成16・10・29民集58巻7号1979頁。詳細は、本章Ⅵ〔63頁〕）、受取人と他の相続人との間で著しい不公平が生じないかどうかを検討する必要がある。

(2)遺族給付　　死亡退職金や弔慰金、遺族給付金など、就業規則や支給約款などで受給権者が定められているものは受給権者固有の財産であり、相続の対象にはならない。したがって、個別の事案ごとに支給規定等を確認する必要がある。

　なお、死亡保険金と同様に、例外的に受給権者の特別受益とみなされる場合がある（詳細は、本章Ⅵ〔61頁〕）。

4　遺産分割の対象となる財産

(1)遺産分割の対象　　相続財産の中には、その性質や遺産分割の目的および機能との関係で、遺産分割の対象にはならないものがある。相続財産のうち遺産分割の対象となるものを、「遺産」ということがある。

　遺産分割の対象は、相続財産のうち、遺産分割時に存在する未分割の財産である（遺産分割時説。東京家審昭和44・2・24判タ243号313頁参照）。したがって、相続開始後に相続人の1人が引き出した預金や、相続開始後に相続人が相続財産の一部または全部を換価した代金などは原則として遺産に含まれない。

(2)可分債権・債務　　金銭債権などの可分債権は相続開始と同時に当然分割されるため遺産には含まれない。

　金銭債務も同様であるが（最判昭和34・6・19民集13巻6号757頁）、遺産分割手続に際して共同相続人間で債務の内部的な負担割合を決め

ておくことは可能である（内田貴『民法Ⅳ〔補訂版〕』（東京大学出版会、平成19年）407頁）。

(3) 相続人全員の同意がある場合　上記にかかわらず、本来は遺産に含まれない財産も相続人全員の合意があれば遺産分割の対象となりうるというのが調停・審判の実務である。

5　預貯金

(1) 判例の変更　従前、預貯金債権は、他の金銭債権と同様に、相続開始と同時に当然に相続分に応じて分割されることから、遺産分割の対象には含まれないとされていた。ところが、近時の判例変更により、銀行の普通預金および旧郵便局（現ゆうちょ銀行）の通常貯金および定期貯金は、いずれも相続開始と同時に当然には分割されず、遺産分割の対象になるとされた（最大決平成28・12・19民集70巻8号2121頁）。

また、銀行の定期預金や信用金庫などが扱う定期積金についても、上記と同様に、遺産分割の対象になるとされた（最判平成29・4・6判時2337号34頁）。

同様の考え方は、当座預金や別段預金などそれ以外の預貯金についてもあてはまると考えられる。

(2) 利息の扱い　預金の利息は、相続財産そのものではなく相続財産から生じた果実であるが、利息を含む遺産分割時における預金残高を遺産分割の対象とするのが実務の扱いである。

(3) 預貯金の調査　遺産分割の対象となる預貯金を確認するため、金融機関から預貯金の残高証明書または取引明細書を取得する必要がある。

6　投資信託・国債・株式

(1) 投資信託　投資信託には投資信託委託会社が介在する「委託者指図型投資信託」と、それが介在しない「委託者非指図型投資信託」

とが存在するところ（投資信託及び投資法人に関する法律2条1項・2項）、判例は委託者指図型投資信託について、償還金や収益分配請求権という金銭債権だけではなく、委託者に対する監督のための権利など可分債権以外のものが含まれる性質に照らして、相続開始と同時に当然に分割されることはないと判示し、遺産分割の対象に含まれることを明らかにした（最判平成26・2・25民集68巻2号173頁）。

相続開始後に発生した元本償還金または収益分配金についても、同様に解されている（最判平成26・12・12判時2251号35頁）。

(2) 国債　国債について、判例は、法令上一定額（1万円）をもって権利の単位が定められていることなどを理由に、相続開始と同時に当然分割されることはなく、遺産分割の対象に含まれるとしている（前掲最判平成26・2・25）。

(3) 株式　株式について、判例は、株式が自益権とともに共益権も含むことを理由に、相続開始と同時に当然分割されることはなく、遺産分割の対象に含まれるとしている（前掲最判平成26・2・25）。

7　賃料債権

遺産分割未了の不動産から生じる賃料債権は、各相続人が不動産についての相続分に応じて取得し、後になされた当該不動産の遺産分割の結果によって影響されない（最判平成17・9・8民集59巻7号1931頁）。すなわち、遺産分割の対象には含まれない。

賃料を含めて、相続財産から生じた果実および収益は、原則的に遺産分割の対象とならないというのが実務の扱いである（ただし、預金利息については、前記のとおり実務上遺産に含まれるとされている）。

8　代償財産

相続開始後に相続財産を売却した際の代金債権や、遺産の滅失・毀損により生じた保険金請求権や損害賠償請求権などは、遺産分割時に存在する相続財産とはいえないから、遺産分割の対象に含まれない。

9 遺言や遺産分割協議書が存在する場合

(1)遺言がある場合　相続人に遺産を「相続させる」旨の遺言が存在する場合、相続分の指定（民902条）ではなく、遺産分割方法の指定（民908条）と解され、対象となる財産は相続により当該相続人に帰属することになるので、遺産分割の対象には含まれない。

遺産を特定の者に遺贈する旨の遺言がある場合も同様である。

(2)遺産分割協議が成立した場合　遺産分割協議が有効に成立している場合には、遺産分割が終了しているのであるから、遺産分割の対象たる財産が存在しないことになる。

ただし、相続人全員が遺産分割協議を合意解除した場合には、改めて分割協議をすることができる（最判平成2・9・27民集44巻6号995頁）。

10 預金の金額や不動産の帰属に争いがある場合

(1)家事審判　相続財産の範囲に関する争いは、実体法上の権利の存否に関する紛争であり、民事訴訟手続によって確定されるべきものである。

家庭裁判所が審判手続で遺産の範囲について判断したうえで遺産分割を行うことは可能であるが（最大決昭和41・3・2民集20巻3号360頁）、当該財産が遺産に含まれることについて既判力が生じない。

(2)民事訴訟　ある財産が遺産に含まれることについて既判力をもって確定するためには、遺産確認の訴えを提起する必要がある。

被相続人名義の預金から、相続開始の前後に、相続人によって使途不明の金銭が引き出されてしまう事案は、実務上少なくない。そのような場合は、預金を取得した相続人に対する不当利得返還請求または不法行為に基づく損害賠償請求訴訟が必要となる。なお、預金の引き出しおよび取得が被相続人の意思に基づく場合には、特別受益の問題となる。

【 *Answer* 】
　X 名義の預金は、金銭債権であるが当然には分割されず、遺産分割の対象となる。投資信託や国債なども同様である。ただし、対象となるのは遺産分割時の残高であって、それまでに A が勝手に引き出して使ってしまった預金は遺産分割の対象とならない。したがって、B らは A に対して不当利得返還等の請求をすることになる。一方、遺産分割までに生じた利息については遺産に含めるのが実務の扱いである。
　甲土地の実質的な所有者は X というべきであるが、登記名義人である A が所有権を主張する可能性がある。その場合、遺産分割調停の中で遺産に含めるか否かについて合意したり、審判の中で判断を求めたりすることも可能であるが、遺産に含まれるか否かを既判力をもって確定するためには、遺産確認の訴えを提起する必要がある。
　アパートの賃料は、各相続人が法定相続分（遺言がある場合には指定相続分）に応じて取得し、後にそれとは異なる相続分でアパートの遺産分割がなされた場合でも影響されないので注意が必要である。

◀コラム▶　預貯金に関する最高裁判例

　従前、可分債権は相続開始と同時に当然に分割され、各共同相続人がその相続分に応じて権利を承継するとされており（最判昭和29・4・8民集8巻4号819頁）、預貯金についても同様に解されていました（最判平成16・4・20判時1859号61頁）。したがって、実務上、預貯金は遺産分割の対象とはならず、調停・審判において相続人間で合意がある場合に限って遺産分割の対象に含まれるとされていました。その一方で、民営化前の旧郵便局の定額郵便貯金については、預入から10年の据置期間を経過するまでは当然に分割されず、遺産分割の対象となると解されていました（最判平成22・10・8民集64巻7号1719頁）。
　ところが、前掲最大決平成28・12・19は、従前の判例を変更し、共同相続された普通預金債権、通常貯金債権および定期貯金債権は、

いずれも、相続開始と同時に相続分に応じて分割されることはなく、遺産分割の対象となるものと解するのが相当であると判断しました。これに続く最判平成29・4・6も、定期預金および定期積金について同様の判断を示しました。これらの見解は、定額貯金、当座預金、別段預金などその他の預貯金についても及ぶと考えられています（片岡＝管野編著・前掲『家庭裁判所における遺産分割・遺留分の実務〔第3版〕』（日本加除出版、平成30年）148頁）。

　上記平成28年決定および平成29年判決により、今後、預貯金は相続人間の合意がなくても当然に遺産分割の対象に含まれることになります。その結果、金融機関は、遺産分割未了の場合には、これまでは応じるケースもあった各相続人からの法定相続分に基づく払戻しに一切応じなくなることが予想されます。したがって、納税資金捻出等の必要性がある場合には、遺産の一部分割や、仮分割の仮処分などを検討する余地があるでしょう。

IV…遺産分割の方法

Case

Aさんから、8年前に亡くなった兄Xの遺産分割について相談がありました。

Aさんは、X、A、B、Cの4人兄弟です。長兄Xには妻Yがいますが子どもはいません。弟Bは、Xの後を追うようにして一昨年に亡くなりました。Bには妻との間に子Dがいるほか、学生時代の同棲相手との間に子Eがいます。

Xは会社を経営していた資産家で、都心に一戸建を所有しており、現在、その家にはYが独り暮らしをしています。Yは、バブル景気が絶頂のころ、Xに買ってもらったリゾートマンションも所有しているそうです。Xには事業資金の借入れが若干残っているようですが、詳細は不明です。

Xが亡くなって以来、Aさんは折にふれてYに遺産分割の話し合いをもちかけましたが、一向に話が進展しません。Aさんは、どのような方法で遺産分割を進めればよいでしょうか。

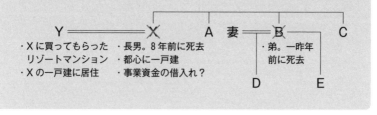

・・・

兄 弁：Yさんが贈与を受けたマンションは、バブル景気の頃には凄く高い評価額だったようだね。

ノボル：そうなんですか！ あれ、そうすると、遺留分の侵害が問題になる可能

性がありそうですね。
兄　弁：おいおい、基本的なところを間違えないでくれよ。兄弟姉妹は遺留分権利者に含まれないよ。
ノボル：あっ、そうでした。すみません。この場合には、Yの特別受益が問題になりそうですね。バブル期に購入した不動産ですから、当時の価格で評価しないと不公平な感じがします。一方、自宅は相続開始時点での価格で評価すべきでしょうか。
兄　弁：遺産の評価の基準時の問題だね。考え方としては、購入時の価格で評価すべきなのか、相続開始時の価格で評価すべきなのか、それとも遺産分割時の価格で評価すべきなのか、そのいずれかになりそうだね。
ノボル：Aさんは、Xさんの会社を継ぐ意思があるようですね。だったら、Aさんがより多くの遺産を相続する代わりに、負債も引き継ぐようにすれば合理的だと思うのですが。
兄　弁：判例の考え方によれば、金銭債務は遺産分割の対象にならないとされているよ。もっとも、相続人間で債務の内部的な負担割合を話し合うことであれば可能かもしれないね。
ノボル：なるほど。それで、各相続人の具体的な相続分を計算するには、「みなし相続財産」を法定相続分で按分したうえで、特別受益や寄与分の額を加えたり減額したりするのですよね。
　　　　この場合、配偶者の法定相続分は、何分の1でしたっけ？　Eは非嫡出子ですが、法改正で嫡出子Dと相続分が同等になったのですよね。
兄　弁：あれ、Xの相続が開始した時点では、まだ法改正されていなかったのではないかな。相続開始の時期と非嫡出子の相続分の関係を整理してもらえるかい。
ノボル：わかりました。いずれにしても、本件の場合には、不動産の評価と分割方法が大きな争点になりそうですね。
兄　弁：そのとおりだね。どのような方法で分割すれば、相続人にそれぞれどのようなメリット・デメリットがあるのか、Aさんにわかりやすく説明してあげてくれるかな。

> **Check List**
> □ 不動産の評価額に争いはあるか〔→ **1**〕
> □ 遺産の中に貴金属や絵画など査定・鑑定を要する動産はあるか〔→ **1**〕
> □ 遺産の中に非上場株式はあるか〔→ **1**〕
> □ 血族相続人は誰と誰か〔→ **2**〕
> □ 配偶者の法定相続分は何分の何か〔→ **2**〕
> □ 相続人の中に非嫡出子はいるか〔→ **2**〕
> □（非嫡出子が相続人となる場合）平成25年9月4日までに遺産分割等が終了しているか〔→ **2**〕
> □（兄弟姉妹が相続人となる場合）父母の一方のみが同じ者はいるか〔→ **2**〕
> □ 共同相続人の中に特別受益者はいるか〔→ **3**〕
> □ 共同相続人の中に寄与分を主張する者はいるか〔→ **3**〕
> □（特別受益者がいる場合）持戻し財産の相続開始時点での評価はいくらか〔→ **3**〕
> □ 遺産分割請求の時期に制限があるか〔→ **5**〕
> □ 事案に応じた適切な遺産分割の手続を検討したか〔→ **4、5**〕
> □ 遺産の一部分割請求は可能か〔→ **5**〕
> □ 不動産の現物分割は可能か〔→ **6**〕
> □ 不動産の取得を希望する相続人に代償金の支払能力があるか〔→ **6**〕

[解 説]

1 遺産の評価
(1) 遺産の評価の基準時　遺産分割が相続開始から相当期間経過し

てから行われる場合もある。そのような場合、相続開始から遺産分割までに遺産の価値が上下することがあるが、実務では遺産分割時において評価すべきだとされている（福岡高決昭和40・5・6判タ190号218頁等）。

（2）特別受益・寄与分の評価の基準時　各共同相続人の具体的相続分を確定するためには、遺産の評価とは別に、特別受益および寄与分の価額を評価する必要がある（民903条・904条の2参照）。

特別受益の評価の基準時をいつにするかについては、贈与時説、相続開始時説、遺産分割時説に分かれているが、①民法903条および904条に「相続開始の時において」と規定されていること、②相続人は遺産分割前に相続分を譲渡することができるのであるから（民905条・909条ただし書）、各相続人の具体的相続分は相続開始時に確定しておく必要があること、③もし遺産分割時において評価するならば、相続開始後遺産分割の時までに物価変動等により具体的相続分が変動して不安定であることなどから、相続開始時説が通説および実務の扱いとなっており（広島高決平成5・6・8判タ828号258頁等）、寄与分についても同様に解されている。

なお、特別受益財産が金銭の場合には、贈与の時の金額を物価指数等により相続開始時の貨幣価値に換算した価額をもって評価すべきとされている（最判昭和51・3・18民集30巻2号111頁）。

（3）民法910条の場合　相続開始後に認知された者が遺産分割を請求する場合で、他の共同相続人がすでにその分割その他の処分をしていた場合には（民910条）、当該相続人が価額の支払を請求した時点において遺産を評価すべきだとされている（最判平成28・2・26民集70巻2号195頁）。

（4）不動産の評価　不動産の評価については、地価公示価格、地価調査標準価格（基準地価格）、相続税路線価などの公的基準に基づいて合意形成する場合が多い。

実務上、各共同相続人が不動産業者に依頼して簡易な査定評価書を

作成することも多いが、価格について争いがある場合には不動産鑑定士による鑑定を実施する（家事64条1項、民訴212条以下）。なお、事案によっては不動産鑑定士の資格を有する調停委員（専門委員。家事264条）や、審判の参与員（家事40条）の意見を求める場合もある。

(5) 非上場株式の評価　非上場株式の評価は、相続税申告書に記載された税務上の評価額に基づいて合意形成する場合が多い。会社法上の株式買取請求における価格算定方法（純資産方式、配当還元方式、類似業種比準方式、収益還元方式等）も参考とされる。

各共同相続人がそれぞれ税理士等に依頼して株価算定報告書を作成して調停・審判に提出することも少なくないが、争いがある場合には公認会計士等による鑑定が必要となる。

(6) 動産の評価　書画・骨董などの高価な動産については、美術商などの精通者の意見や、各種美術年鑑等によって評価することなどが考えられる。

(7) 鑑定　事案や対象物件にもよるが、鑑定を申し立てる場合、20～数十万円の費用を予納する必要がある。調停においては、鑑定費用は法定相続分に基づいて各共同相続人が負担することが一般的であるが、鑑定を申し立てた当事者のみが負担する場合もある。共同相続人の合意により遺産中の預貯金等から支出する場合もある。

鑑定費用の見込額や負担方法については、事前に依頼者とよく協議しておく必要がある。

2　法定相続分

(1) 配偶者　配偶者の法定相続分は39頁の表のとおりである。配偶者の法定相続分は昭和55年の民法改正で拡張された経緯があるため、数次にわたり相続が発生している事案など、相続開始から遺産分割まで長期間が経過している事案では、相続開始の時期によって法定相続分が異なる場合があるので注意が必要である（兄弟姉妹の再代襲者（本章II〔18頁〕）や、後記の非嫡出子の法定相続分についても同様であ

相続人	配偶者の相続分	
	昭和22年改正（23.1.1～）	昭和55年改正（56.1.1～）
配偶者と子	3分の1	2分の1
配偶者と直系尊属	2分の1	3分の2
配偶者と兄弟姉妹	3分の2	4分の3

※片岡武＝管野眞一編著『家庭裁判所における遺産分割・遺留分の実務〔第3版〕』（日本加除出版、平成30年）103頁から引用

る）。

(2) 兄弟姉妹　上の表のとおり、兄弟姉妹が血族相続人となる場合、配偶者の法定相続分が4分の3、兄弟姉妹の法定相続分は4分の1となり（民900条3号）、兄弟姉妹が複数いる場合には各人が均等の相続分を有する（同条4号本文）。

　兄弟姉妹が複数おり、その中に被相続人と親の一方のみを共通にする兄弟姉妹（半血兄弟姉妹）がいる場合には、半血兄弟姉妹の法定相続分は全血兄弟姉妹の2分の1となる（同条4号ただし書）。なお、やや混乱しがちな部分であるが、半血兄弟姉妹が存在する場合であっても、親からの相続については、相続分は均等（民900条4号ただし書は無関係）なので注意を要する。

(3) 非嫡出子　子が相続人となる場合、従前は非嫡出子の相続分は嫡出子の2分の1とされていたが（改正前民900条4号ただし書前段）、最大決平成25・9・4民集67巻6号1320頁は、非嫡出子と嫡出子の法定相続分を区別することには、遅くとも平成13年7月当時においては合理的な根拠が失われていたとして、同条項は憲法14条に反し違憲であると判断した。

　この結果、非嫡出子の法定相続分に関する民法900条4号ただし

書前段が削除される改正が平成25年12月11日に施行され、同年9月5日以降に開始した相続について適用されることになった。その改正法によれば、次のとおりとなる。

　①平成25年9月5日以降に相続が開始した場合 → 嫡出子と均等
　②平成13年7月1日から平成25年9月4日までに開始した相続で、平成25年9月5日以降に遺産分割が行われる場合 → 嫡出子と均等
　③平成13年7月1日から平成25年9月4日までに開始した相続で、平成25年9月4日までに遺産分割協議成立や審判確定がある場合 → 嫡出子の2分の1
　④平成13年6月30日までに開始した相続 → 嫡出子の2分の1

3　具体的相続分の算定

　法定相続分に特別受益や寄与分による修正を施して算出した各共同相続人の相続分を具体的相続分という。相続財産に、①生前贈与の額を加算し（民903条1項）、②寄与分を控除した（民904条の2）計算上の価額を「みなし相続財産」とすると、以下の計算式で算出することができる（具体的相続分の算出についての詳細は、本章VI、VII参照）。

　【計算式】具体的相続分＝みなし相続財産×相続分＋寄与分－特別受益

　特別受益および寄与分の評価は、遺産分割時ではなく相続開始時を基準として評価する（前記 1〔37頁〕参照）。

4　遺産分割の手続

(1)遺産分割協議　遺産分割は、共同相続人全員の合意により行うことができる（協議分割）。共同相続人全員の合意がある限り、各相続人の具体的相続分にかかわらず相続分を定めることができるし、後述する分割方法についても自由に定めることができる。

　遺産分割協議が成立した場合には、遺産分割協議書を作成するのが

通例である。このとき、共同相続人全員が分割協議書に実印を捺印し、住民票・印鑑登録証明書記載の住所を記載することによって、相続登記を申請する際の登記原因証明情報として利用できる（ただし、印鑑登録証明書の添付が必要である）。

（2）特別代理人の選任　共同相続人中に未成年者がいる場合には、親権者が未成年者を代理して遺産分割協議を行うことになる。この場合に、親権者と未成年者である子がともに共同相続人である場合には、遺産分割協議は利益相反行為となるため、特別代理人の選任が必要となる（民 826 条 1 項）。

　成年被後見人と後見人が共同相続人であって後見監督人が選任されていない場合にも、特別代理人の選任が必要となる（民 860 条）。

（3）調停・審判　分割協議が調わない場合や、相続人同士が疎遠である等の理由により協議を行うことが難しい場合には、各共同相続人は家庭裁判所に遺産の分割を請求することができる（民 907 条 2 項）。これが遺産分割審判の申立てである。

　家事事件手続法上、遺産分割は審判事件の対象であるとともに（家事 39 条・別表 2 の 12〜14）、調停事件の対象でもある（家事 244 条）。もっとも、家庭裁判所の実務では、調停を経ずに審判を申し立てた場合には原則的に職権で調停に回付される扱いである。

（4）遺産分割調停の進行　調停においては、遺産分割は以下の順序で合意の形成がはかられる。調停に限らず、遺産分割事件においては、当事者の主張や争点をこのような順序で整理していくことが有用である。

　①相続人の範囲の確定 → ②遺産の範囲の確定 → ③遺産の評価の確定 → ④特別受益・寄与分の確定 → ⑤遺産分割方法の確定。

　遺産分割調停においても、協議分割と同様に、共同相続人全員の合意がある限り分割の内容は自由である。調停調書には確定した審判と同一の効力があるため（家事 268 条 1 項）、たとえば、相続人は調停調書正本を登記原因証明情報として添付することで、単独で相続登記の

申請ができる。

(5)審判への移行　遺産分割調停が不成立となった場合には、当然に家事審判に移行する（家事272条4項）。このとき、家庭裁判所は、職権で調停に代わる審判をすることができる（同法284条1項）。

　遺産分割審判においては、民法906条の基準に従いつつ、基本的には各相続人の具体的相続分を前提として遺産分割が行われる。後述する分割方法も、現物分割→代償分割→換価分割→共有分割という優先順位に従って検討されることが一般的である。

5　遺産分割の手続

(1)遺産分割請求の時期　遺産分割請求権の行使には期間の制限がない。相続人は遺産分割が禁止される場合（民908条・907条3項・256条）を除き、いつでも分割を請求できる（民907条1項）。

(2)遺産の一部分割　遺産分割手続に時間を要する事案において、遺産である預貯金を納税資金に充てたい場合や、共同相続人の中に当面の生活費等を必要とする事情がある場合などには、共同相続人の合意があれば、遺産分割協議や調停によって遺産の一部についてのみ分割し、残余の財産を未分割のままにすることが可能である。

　審判による一部分割については、これを否定する審判例もあるが（大阪高決昭和40・4・22判時418号42頁）、遺産分割に長期間要する見込みである場合などには、当該一部分割によって適正妥当な分割が不可能とならない限り、一部分割は許容されると解される（大阪高決昭和46・12・7判タ289号404頁）。

6　遺産分割の方法

(1)4種類の方法　遺産分割の方法には、①現物分割、②代償分割、③換価分割、④共有分割の4種類がある。

　遺産分割協議や調停においては、共同相続人の合意があればいかなる方法を選択することも可能である。審判においては、当事者の意向

を尊重しつつ、民法906条に従い一切の事情を考慮して分割方法が決められる。

もっとも、遺産をそのままの形状および性質で分割する現物分割が原則的な方法であり、それが相当でない場合に代償分割を、代償分割も相当でない場合に換価分割を選択し（仙台高決平成5・7・21家月46巻12号33頁）、共有分割は換価分割さえ困難な場合に限定すべきである（大阪高決平成14・6・5家月54巻11号60頁）。

（2）現物分割　　不動産を現物分割する場合には、土地または建物の一部を分筆して登記する。借地権を複数の相続人で現物分割する場合には、実務上地主の承諾が必要とされている。

（3）代償分割　　家庭裁判所は、「特別の事情」があると認めるときは、現物分割に代えて代償分割をすることができる（家事195条）。

特別の事情とは、①現物分割が不可能な場合（遺産である土地上に第三者所有の建物がある場合など）、②現物分割によって分割後の財産の価値が著しく損なわれる場合（分筆により土地が不整形地や狭小地になってしまう場合など）、③特定の相続人の占有や利用状態を保護すべき場合（相続人が遺産である不動産に居住している場合など）などである。

代償分割を行うには、代償金の支払債務を負担する相続人にその資力があることが要件となる（最決平成12・9・7家月54巻6号66頁）。実務上は、金融機関の融資証明書、預金の残高証明書や通帳の写しなどを提出して資力を疎明する。

（4）換価分割　　換価分割するときは、遺産を売却等により換価したうえで、その価額を分配する。

遺産分割協議や調停で換価分割の合意をする場合には、後日の紛争を避けるため、協議書または調停調書に、換価の期限、最低価格、売却手続の担当者（不動産仲介業者など）、売却代金から控除する費用、代金の分配方法などを細かく定めることが望ましい。

家庭裁判所は、審判のため必要があると認めるときは、遺産を競売して換価することを命ずることができる（家事194条）。この競売は形

式競売であり、担保権の実行の場合の競売の例により執行される（民執195条）。

(5) 共有分割　共有分割は、各相続人が具体的相続分に応じて遺産を共有取得する方法である。紛争を先送りするだけで必ずしも抜本的な解決にならない場合があるため、他の分割方法を採ることが相当でない例外的な場合にのみ許されると解されている（松原正明『全訂 判例先例相続法Ⅰ』（日本加除出版、平成18年）520頁）。

【 *Answer* 】

　Xの相続人は、配偶者Y、兄弟AおよびC、ならびに兄弟Bの代襲者DおよびEの5名である。Yの法定相続分は4分の3、A・Cは各12分の1である。D・Eは、非嫡出子と嫡出子の法定相続分を区別することを違憲と判断した平成25年9月4日の最高裁決定よりも後に開始した相続であれば、各24分の1の相続分を有することになる。
　Xの自宅不動産や、Xが経営する会社の株式は、遺産分割時を基準としてその金額を評価することになる。一方、Yが生前贈与を受けたリゾートマンションなど、相続人に特別受益がある場合には、遺産分割時ではなく相続開始時を基準として評価するのが実務の扱いであるので、相続開始から遺産分割まで時間が経過している事案ではこの点を意識する必要がある。
　本問では、Yが居住している不動産はYが相続し、事業承継を受けるAが会社の株式を相続するという方法が合理的だと思われる。したがって、それぞれの遺産分割時の評価額に基づき、YおよびAが他の相続人に代償金を支払う（代償分割）という内容が、遺産分割の方法として有力な選択肢になる。
　以上の点をふまえて、まずは当事者全員で遺産分割協議を行うことになるが、協議を行うことが難しい場合や、協議がまとまらない場合には、まずは調停を申し立て、調停がまとまらないときには審判に移行することになる。

◀コラム▶ 換価分割・共有分割

　遺産分割において、現物分割や代償分割が困難な場合には、当事者の合意に基づき、遺産を第三者に売却してその代金を分割する場合があります。これが換価分割です。調停では、「別紙遺産目録記載の不動産を、〇年〇月〇日限り〇円以上で売却し、売却代金から売却に要した諸経費を控除した残額を各相続人が〇分の1ずつ取得する」などという調停条項を定めることになります。なお、この場合でも実際に不動産を売却するにはいったん不動産の相続登記をする必要があることには注意を要します。

　もっとも、相続人間の足並みが揃わないため遺産の任意売却が難しいケースは少なくありません。そのような場合には、「当事者は、単独で競売申立てをすることができる」などと定めた調停条項や、競売を命じる審判によって競売による換価を行うことになります。不動産の場合、一般的に任意売却よりも競売による方が売却価格が安いといわれていますが、近時、都心部など不動産需要が高い地域では、市場価格と同等かそれ以上の価格で競落される例もみられるようです。

　換価分割さえも困難な事情があるときには、遺産を共有取得する方法による遺産分割が行われる場合があります（前掲大阪高決平成14・6・5）。この方法により遺産分割がなされた場合には、共有に関する民法249条ないし262条が適用されることになり、遺産分割に関する法令の適用は受けないことになります（札幌高決昭和43・2・15家月20巻8号52頁）。すなわち、事後的に共有者の1人やその承継人によって共有物分割請求訴訟が提起され（民256条）、結局は競売による換価がなされるという可能性が生じます。

　したがって、遺産を共有取得する方法による遺産分割は、相続人間に利害の対立がない場合に限って行うべきだといえるでしょう。

Ⅴ…渉外相続と遺産分割

> **Case**
>
> 　都内の病院で闘病中だったAさんの父Xが亡くなりました。Xは米国籍で、学生時代、日本に留学中に、日本人であるAさんの母Yと結婚したそうです。Aさんの弟Bはカリフォルニア州に住んでおり、現地の大学に在学中です。
>
> 　Xの遺産には、国内の自宅マンションと預貯金の他に、故郷のカリフォルニア州に両親から相続した不動産があります。
>
> 　Xさんの遺産分割手続はどのようにして行えばよいでしょうか。
>
>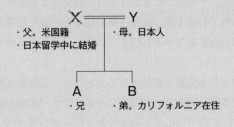

兄　弁：いわゆる「渉外相続」のご相談だね。僕も実際には経験したことがないから、わからないことが多いな。

ノボル：この場合、Xさんの相続には、日本の法律とアメリカの法律のどちらが適用されるのでしょうか？

兄　弁：渉外的な事件の準拠法は「法の適用に関する通則法」に定められているから、調べてみよう。

ノボル：遺産分割は「相続」に関する事件だから……。36条で「被相続人の本国法」ですね。そうすると、Xの本国法である米国の法律に従って、各相

続人の法定相続分などを判断していけばよいのですね。

兄　弁：他の国と違って、米国の場合、相続については州ごとに異なる「州法」で定められているはずだよ。この場合は、カリフォルニアの州法を調べる必要がありそうだね。

ノボル：遺産分割の準拠法はカリフォルニア州法だとして……。Ｘの相続人は、配偶者であるＹさんと、子であるＡさん、Ｂさんですね。

兄　弁：ちょっと待って。Ｙさんが相続人となるためには、婚姻が有効に成立している必要があるよね。その点は、どの国の法律によって判断すればいいのだろう？

ノボル：なるほど、確かに、遺産分割とは別に、先決問題の準拠法も検討する必要がありそうですね。

兄　弁：それから、米国では日本と違って、被相続人の死亡と同時に遺産の承継が開始しない、という話を何かの本で読んだ記憶があるよ。

ノボル：えっ、本当ですか？　それなら、そもそも遺産分割をすることができないんじゃないですか？

兄　弁：確か、遺言の有無や、遺産が現金や預金などの動産なのか、不動産なのかによっても手続が異なるんじゃないかな。やっぱり現地の法律をきちんと調査しないといけないね。

ノボル：準拠法がカリフォルニア州法だとすると、不動産の相続登記も現地法にしたがってしなければならないのですか？

兄　弁：その点も「通則法」に規定されているはず。まずは条文を確認しないと。

ノボル：はい、すみません。それにしても、外国の法律なんて、どうやって内容を調べればいいのですか？

兄　弁：そうだね、渉外事件の場合には法令調査のスキルも必要になるね。手始めに、こんな方法で調べてみたらどうだろう？

Check List
□被相続人は外国籍か［→ 2］

- □被相続人は日本国内に住んでいたか〔→ 2〕
- □相続人の中に海外に居住している者はいるか〔→ 2〕
- □相続人の中に外国籍の者はいるか〔→ 2〕
- □被相続人の死亡届は提出済みか〔→ 2〕
- □在留カードを返納したか〔→ 2〕
- □被相続人の本国法の内容を確認したか〔→ 3〕
- □遺産の中に不動産は含まれているか〔→ 3、4〕
- □被相続人の本国法上、被相続人と配偶者の婚姻が有効に成立しているか〔→ 5〕
- □被相続人の本国法上、養子縁組が有効に成立しているか〔→ 5〕
- □裁判になる可能性に備え、管轄について検討したか〔→ 6〕
- □遺言はあるか。遺言は被相続人の本国法上有効か〔→ 7〕
- □被相続人・相続人の身分関係を証する資料を取得したか〔→ 8〕
- □被相続人・相続人の住所地を証する資料を取得したか〔→ 8〕
- □相続人の印鑑証明書またはこれに代わる資料は必要か〔→ 8〕
- □準拠法となる国の法令を調査・検討したか〔→ 9〕

[解説]

1　渉外相続事件の動向

　厚生労働省の人口動態調査によると、平成28年の婚姻件数は62万531件で、そのうち夫妻の一方が外国籍である件数は2万1180件（3.4％）である。これは過去最高だった平成18年（4万4701件）の半分以下であるが、訪日外国人の急増にともなって、今後、相続を始めとする渉外家事事件が増加する可能性もある。

　国籍別にみると、夫婦の一方が中国籍である件数がおよそ30％、

以下韓国・朝鮮、フィリピン、米国、タイ、ブラジルなどが続いている。

2　日本国内で外国籍の者が死亡した場合の手続
(1)死亡届　日本在住の外国人が死亡した場合、同居の親族等は、市区町村役場に対して死亡届を提出しなければならない（戸籍86条・87条）。外国人には戸籍がないため、届出先は届出人の所在地（同法25条2項）、または死亡地の市区町村役場（同法88条）となる。

　海外在住の日本人が死亡した場合には、被相続人の本籍地、届出人の所在地、または死亡地の市区町村役場への届出が必要である。

(2)在留カードの返納　日本に居住する外国人のうち「中長期在留者」（出入国管理法19条の3）に該当する者が死亡した場合には、その親族または同居者は、交付を受けた在留カードを返納しなければならない（同法19条の14第6号・19条の15第4項）。

3　相続事件の準拠法
(1)準拠法の特定　ある法律関係に複数の国が関係する場合、どの国（正確には、単一の法秩序が形成されている領域を指す「法域」という用語が用いられる）の法律を適用するかを決定する必要がある。これを準拠法という。準拠法は、当該法律関係の性質に基づき、法廷地国際私法にあたる「法の適用に関する通則法」（以下「通則法」）により判断される。

　相続事件の準拠法は、被相続人の本国法である（通則法36条）。ただし、被相続人の本国法によると日本法が適用される場合は、日本法が適用される（反致。同法41条前段）。

(2)外国人が日本で死亡した場合　通則法36条により、外国人が日本で死亡した場合には、原則的に当該被相続人の本国法（死亡時に国籍がある国の法律）が適用される。したがって法定相続人の範囲や相続の順位、法定相続分などは、すべて被相続人の本国法により決定

される。

　米国は州によって法律が異なる不統一法の国であるため、被相続人が米国人で、遺言を作成していなかった場合には、法律上の選定住所（ドミサイル。domicile）とされる州法に従って、法定相続人やその相続分が決まることになる。なお、永住資格を有している場合などには、日本に選定住所が認められる場合もあるので検討を要する。

（3）日本人が海外で死亡した場合　　日本人が海外で死亡した場合には、日本の民法に従って相続事件が処理される。ただし、遺産が海外にある場合には、後記のとおり財産の所在地法が適用される場合がある。

（4）遺産に不動産が含まれる場合　　諸外国の国際私法は、大別すると、相続される財産の種類や所在地等について区別することなく、すべての相続関係を被相続人の本国法または最後の住所地法とする「相続統一主義」の法制と、動産の相続については被相続人の本国法または最後の住所地法、不動産の相続についてはその所在地法に従うという「相続分割主義」の法制がある。相続分割主義をとる準拠法では、不動産が複数国にある場合にはそれぞれの国の法律を調べる必要がある。

　相続統一主義をとる代表的な国は、日本、韓国、台湾、およびドイツ、イタリアなど大陸法系の国々であり、相続分割主義をとる代表的な国は、英国、米国など英米法系の国々、中国、フランスなどである。

4　国内不動産の登記

　通則法は、動産・不動産を区別せず、物権法の準拠法は目的物の所在地法によると定めており（通則法13条）、日本国内にある不動産の登記手続は、日本の不動産登記法に従って行うことになる。

5　先決問題の準拠法

（1）先決問題　　相続人となるには、婚姻関係や実親子関係など被相

続人との間に一定の身分関係があることを要する。このような、問題となる法律関係（本問の場合には相続）を検討する場合に不可欠の前提問題を「先決問題」と呼ぶ。先決問題の準拠法をどのように決定するかについては議論があるが、通説および判例は、法廷地の国際私法が指定する準拠法によるべきだとする（法廷地国際私法説。最判平成12・1・27民集54巻1号1頁）。したがって、本問の場合は法廷地である日本の通則法に従って、先決問題を検討することになる。

（2）婚姻の成立　通則法24条は、婚姻の実質的成立要件については各当事者の本国法によるとしているから（同条1項）、本問のように米国人の夫Xについては米国法、日本人の妻Yについては日本の民法を適用して判断することになる。

また、同条は、婚姻の形式的要件については、婚姻挙行地の法によることを原則としつつ（同条2項）、当事者の一方の本国法によることも認めており、ただし、日本で挙行した場合で、かつ一方が日本人であるときは日本民法によると定めている（同条3項）。

したがって、本問のように妻が日本人であるようなケースについては、実質・形式要件いずれも日本の民法に従って判断すればよい。

6　相続事件の国際裁判管轄

遺産分割など相続に関する事件について裁判所への申立てが必要になった場合には、事件に関連する複数の国（法域）のうち、どの国の裁判所がその事件を扱うか（国際裁判管轄）という問題が生ずる。

これまで相続事件の国際裁判管轄については明文規定がなく、事案ごとに条理によって決定されていたが、被相続人の最後の常居所地が日本にある場合には、日本に原則的な国際裁判管轄が認められると解されていた。

平成30年の家事事件手続法改正により、調停や審判について、事件の類型ごとに日本に国際裁判管轄が認められる場合が規定された。これによると、相続に関する審判および調停事件については、次の場

合に日本の裁判所に管轄が認められる（改正後の家事3条の11・3条の13）。
　①相続開始の時における被相続人の住所が日本国内にあるとき
　②住所がない場合または住所が知れない場合には、相続開始の時における被相続人の居所が日本国内にあるとき
　③居所がない場合または居所が知れない場合には、被相続人が相続開始の前に日本国内に住所を有していたとき（日本国内に最後に住所を有していた後に外国に住所を有していたときを除く）

7　遺産管理人

　日本や大陸法系の国々の法律では、被相続人の死亡により相続財産が相続人に包括的に承継されるのに対し（包括承継主義）、英米法系の国々では、被相続人の財産は直接相続人に帰属せず、遺言や裁判所によって選任された遺産管理人に帰属し、遺産管理人が管理清算した後に、残余財産が相続人に帰属することになる（管理清算主義）。
　米国の場合には、裁判所の管理下でプロベイト（Probate）と呼ばれる管理清算手続が行われる（一定の場合にはプロベイトが不要となることもある）。

8　相続原因証明情報の収集

(1) 相続人の範囲　　被相続人および相続人が日本人の場合には、相続人の範囲を確定するための身分関係に関する資料として戸籍（除籍）謄本を取得する。しかし、台湾、韓国（なお、従前の戸籍制度は平成20年から家族関係登録制度に変更された）など一部の国を除き、戸籍制度またはこれに代わる制度が存在しない。
　そこで、被相続人または相続人の中に外国籍の者がいる場合には、外国人登録原票記載事項証明書（平成24年以前に登録していた場合）や住民票、その本国において取得可能な公的書類（中国の居民戸口簿、その他の国では出生・婚姻・死亡証明書など）を取得したうえで、相続

人全員において、この他に相続人は存在しない旨の（被相続人の本国の）在日大使館領事部や公証人の認証ある宣誓供述書を作成する必要がある。なお、日本で相続手続に利用する際には訳文を添付する必要がある。

(2) 住所証明情報　日本に在留する外国人のうち中長期滞在者および特別永住者は、その住居地を届け出た市区町村の窓口に申請することにより住民票を取得することができる（出入国管理法19条の7第1項・3項、住民基本台帳法30条の45）。

上記以外の場合には住民票が作成されないため、その者が本国に住所を有する場合には、その国の官公署で発行する住所を証する書面（住民登録証明書）を取得して訳文をつける。日本に住所を有する場合には、日本の在外公館が発行した日本の住所についての証明書が必要となる（東京弁護士会法友全期会相続実務研究会『遺産分割実務マニュアル〔第3版〕』（ぎょうせい、平成28年）310頁）。

なお、住所についても前記の宣誓供述書として認証を受ければ、住所証明とすることができる（昭和40・6・18民事甲1096号民事局長回答）。

一方、外国に在留する日本人で、日本に住民票がない者は、日本の現地在外公館の居住（在留）証明書、または現地公証人の居住（在留）証明書を作成する。

(3) 遺産分割協議の内容　遺産分割協議書を作成する場合には、相続の準拠法にしたがって実質要件・形式要件をみたす有効な協議書を作成する必要がある。

この点についても、前記の宣誓供述書として認証を受ければ、相続登記の際の登記原因証明情報として使用することができる。

(4) 印鑑証明書　日本国内で、相続財産中の預貯金の引き出し等を行うために、相続人全員の実印を押印した遺産分割協議書が必要になる場合がある。海外に在留しており日本に住民登録していない者は印鑑証明書が取得できないため、印鑑証明書に代えて在外の領事館で署

名証明書（サイン証明書）を取得する必要がある。これには証明書と申請者が領事の面前で署名した私文書（遺産分割協議書等）を綴り合わせて割り印を行う方法と、申請者の署名を単独で証明する方法の2種類があるが、署名の同一性の問題が生じないという点で前者の方が望ましいといえる。

　また、海外に在留している者が現地で宣誓供述書を作成したり、一時帰国した際に公証役場で署名の認証を受けたりする方法も考えられる。

　一方、日本に在留する外国人で、住民登録している者は、印鑑登録をして印鑑証明書を取得することができる。印鑑登録をしていない者は、在日大使館でサイン証明書を取得する。この場合にも、署名の同一性に問題が生じないように、遺産分割協議書の署名自体に認証をもらう等の方法が望ましいといえる。

9　海外法令の調査方法

(1) インターネットやデータベース　　渉外相続事件の準拠法の訳文を調査するためには、国立国会図書館オンライン等で国名・法令名で検索するほか、訳文そのものではないが外国法について解説した文献等を検索する方法がある。文献検索機能のある判例データベースなどでも検索可能である。

(2) 主要な文献　　親族・相続法関係の主要な参考資料としては、以下のものがある（国立国会図書館のHPから引用）。

　①『外国身分関係法規集』（法務省民事局、昭和47～昭和61年）

　アメリカの各州やイタリア、インドなど38か国の婚姻、離婚、養子縁組など身分関係法規の邦訳が掲載されている。

　②法務省民事局国籍事務研究会編『渉外身分関係先例判例総覧 法令編』（日本加除出版、昭和40年～。加除式）　　旧外地を含め、世界各国の国籍法および関係法令の邦訳を収載した加除式の資料。

　③木村三男監修・篠崎哲夫他編『渉外戸籍のための各国法律と要

件』（日本加除出版、平成 19 年）　世界各国の婚姻、離婚、出生、養子縁組等の成立要件の概要がまとめられており、あわせてその根拠法条の邦訳が掲載されている。

　また、中国、台湾、韓国、フィリピンなど主要国については、④日本加除出版法令編纂室編『戸籍実務六法』（日本加除出版）、⑤テイハン法令編纂部戸籍実務研究会編『戸籍六法』（テイハン）にこれらの国の家族法などの訳文が掲載されている。

(3) 大使館からの情報提供　依頼者や他の相続人等の当事者に、当該国の在日大使館（領事館）に依頼して法令情報の提供やその邦訳作業を依頼する方法も考えられる。

【 *Answer* 】

　本件では、遺産分割の準拠法はＸの本国地法である米国法となり、法律上の選定住所地の州法が適用される。

　米国の各州法では、不動産の相続は不動産所在地の法が準拠法とされるため、日本国内の不動産の相続については日本の民法が適用される。不動産の相続登記についても日本の法律が適用される。したがって、一般的には日本国内で遺産分割協議書を作成して相続登記をすることになる。相続人の範囲を証する資料としては、アメリカ大使館（領事館）で宣誓供述書を作成することになる。また、海外在住のＢが印鑑登録をしていない場合には、現地の日本領事館で署名証明書を取得する等の必要がある。

　一方、預貯金等の動産の相続には米国州法が適用されるため、原則として裁判所の管理下で遺産管理の手続を経たうえで、相続人らに遺産が承継されることになる。

第1章 ● 遺産分割手続

Ⅵ…特別受益

Case

被相続人X（夫Yはすでに死亡、子はA、B、Cの3名）の相続人は、A、Bと平成22年に他界したCの子のDの3名です。Xは平成27年に死亡しました。Xは生前、長男であるAに対してのみ、多額の死亡保険金をAを受取人として掛けていました。また、Xは平成2年、Cに対してのみ家の建築費用として1000万円を贈与し、さらに孫であるDに対しても、同時期に医学部の学費として500万円を贈与していました。Xの死亡時の遺産総額は自宅不動産と預貯金で、合計3800万円です。

Bは、Aの死亡保険金額2400万円と、Cに対しての贈与1000万円、Dに対しての贈与500万円については、特別受益として考慮されるべきであり、この点を遺産分割の交渉の際に主張したいと言っています。

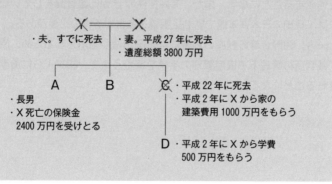

●●●

ノボル：保険金については、受取人が相続人の1人である場合には、遺産分割の

　　　　対象にならないということは文献に記載されているのでわかったのですが、今回Bから相談を受けてみると、Aは相当な保険金をもらう上に、通常の相続分どおりに遺産分割をすると、なんだか不平等に感じます。

姉　弁：良い視点だと思うわよ。Bの相談は特別受益の主張をしたいということなのよね。特別受益の制度については民法903条に定められているけれど、その目的は共同相続人間の公平を図ることを目的にしているのよね。そして、死亡保険金払戻請求権は、被相続人が生前に支払った保険金により発生したものなので、この支払ってきた金額や受取保険料の金額その他の事情を考慮して、相続人間で著しく不公平が生じる場合には、民法903条を類推適用して、特別受益の主張が認められている最高裁判例が存在しているわよ。

ノボル：そうなのですね。早速、その判例にあたってみます。今回のBさんのケースでは特別受益が主張できそうな気がします。
　　　　ちなみに、Bはすでに死亡したCに贈与した1000万円や、孫が医学部に行ったことを喜んで学費として支払った500万円についても、すべて、Dに対して特別受益と主張したいと言っているのですが、これについてはどうなのでしょうか？　ちょっとわからなくなってしまい、後で確認してみますと答えてしまいました。

姉　弁：あなたはどう思うの？

ノボル：先ほどの民法903条の趣旨からすると、現在の相続人はDで、Dはたしかに医学部の学費として500万円をもらっているので、この500万円については特別受益と言っても良いように思えます。でも、Dの母親であるCに対して過去に渡した1000万円については、Dは特に利益を得ているわけではないので特別受益として主張するのは間違っているように思えます。

姉　弁：うーん、残念ながら違う結論になりそうね。代襲相続の際に、本来母親が相続する立場より有利な立場となるべきではないから、Cが受け取った1000万円が特別受益にあたるのであれば、代襲相続人はその立場も引き継ぐこととなるわね。また、Dの500万円については諸説あるけれ

　　　　ど、当時お祖母ちゃんが孫に渡した学費については、まだ母親が生きている頃なのだから当然相続という意味合いはなく、孫への贈与という意味合いで渡していることになるので、この部分は遺産の前渡しということにはならないから特別受益にはあたらない、と考える説が有力よ。

ノボル：そうなのですか。なんだかちょっと感覚が逆のようにも思えますが、特別受益が遺産の前渡しという趣旨の制度であること、代襲相続があくまで被代襲者の地位を引き継ぐ、と考えれば妥当な結論のようにも思えます。いずれにせよ、特別受益の主張はDにもできそうですね。

姉　弁：でも、どうしてXはCやCの子のDにだけお金を渡しているの？

ノボル：XはCと一緒に住んでいたのです。晩年は面倒を看てもらっていたりもしていました。

姉　弁：あら。そうだとすると、一緒に住むようになった状況などをもう少しヒアリングしないといけないかもしれないわね。一緒に住む代わりに、という趣旨で1000万円を渡していたなら、持戻し免除の意思表示があったと裁判所から認定されてしまう可能性も十分あるわよ。書面などなくても、裁判所は認定するので、きちんとその可能性についても説明しておく必要がありそうね。

ノボル：そうでした……。場合によっては寄与分などを逆に主張されてしまう可能性もありそうな事案なので、もう一度しっかり打ち合わせをします。

Check List

☐ 特別受益は遺贈か生前贈与か［→ **1**］
☐ 婚姻または養子縁組のための贈与とはどのような場合をいうか［→ **2**］
☐ 生計の資本としての贈与とはどのような場合をいうか［→ **3**］
☐ 生前贈与について贈与の意思表示があるか［→ **4**］
☐ 具体的贈与行為があるか（借地権・賃料相当額）［→ **5**］
☐ 遺産分割協議が進行中か［→ **6**］

□特別受益を受けたのは相続人か〔→ 7〕
□特別受益を受けたときに相続人である必要があるか〔→ 8〕
□保険金の受領は特別受益にあたるか〔→ 9〕
□特別受益行為から受益が存続しているか〔→ 10〕
□特別受益の具体的評価額は、いつを基準とすべきか〔→ 10〕
□特別受益を受けた時と現在とで、対象物の評価変動はないか〔→ 10〕
□「相続させる」という内容の遺言はないか〔→ 11〕
□持戻し免除の意思表示が相続人からされていないか〔→ 12〕
□遺贈の場合、持戻し免除の意思表示は遺言書に記載されている必要があるか〔→ 13〕
□特別受益を受けた者の具体的相続分はどのように計算するか〔→ 14〕

[解説]

1 特別受益の成立要件

遺贈の場合、贈与された財産のすべてがその目的に関わりなく特別受益となる。

生前贈与の場合は、贈与の目的が①婚姻もしくは養子縁組のための贈与、または②生計の資本としての贈与に限られている（民903条1項の規定は限定列挙である）。生前贈与が相続財産の前渡しとみられる贈与であるか否かを基準として判断する。

2 婚姻または養子縁組のための贈与

持参金・支度金・結納金など婚姻のために特に被相続人からしてもらった支度の費用が含まれるものであり、親の世間に対する社交上の出費たる性質が強い結婚式および披露宴の費用は含まれないとする裁

判例が存在する（京都地判平成10・9・11判タ1008号213頁）。

しかし、東京地裁の運用では持参金・支度金は金額が大きければ一般的に特別受益にあたるが、結納金や挙式費用は特別受益にあたらないとしている（小田正二ほか「東京家庭裁判所家事第5部における遺産分割事件の運用」判タ1418号32頁）。

3　生計の資本としての贈与

　学資・不動産の贈与またはその取得のための金銭の贈与・営業資金の贈与・借地権の贈与等がこれにあたる（東京家庭裁判所家事5部が発行している遺産分割Q&Aが参考になる。前掲・判タ1418号32頁）。

　①学資　　普通教育以上の学資は、その人にとって将来の生計の基礎が生活能力取得の基礎になることから、原則として生計の資本としての贈与にあたるとされる審判例が存在する（青森家五所川原支審昭和37・12・24家月15巻5号100頁（入学資金2万円）、大阪家審昭和40・3・23家月17巻4号64頁（女子大学75万3000円））。しかし、これらの事例は、当時の時代背景から大学への進学が高等教育と考えられていたことによる判断である。

　近年では、学資に関しては、親の資産、社会的地位を基準にしたならば、その程度の高等教育をするのが普通だと認められる場合には、そのような学資の支出は親の負担すべき扶養義務の範囲内に入るものとみなし、それを超えた不相応な学資のみが特別受益にあたると考えられている（前掲京都地判平成10・9・11）。

　②貸付金　　贈与ではないため、特別受益にあたらない。

　③扶養義務内の贈与　　扶養義務の範囲内と考えられるものは、特別受益にあたらない。小遣い、生活費などは扶養義務の範囲内と通常は考えられる。また、新築祝いや入学祝いなども、通常の援助の範囲内でなされている場合はあたらない。

　④債務の肩代わり　　通常は求償することができるため、被相続人が求償権を放棄したような場合で、かつ金額が遺産の前渡しといえる

ほど高額でない限りは特別受益にあたらない。

⑤死亡退職金　　死亡退職金を受け取る遺族の生活保障という趣旨が明らかなときは、特別受益にあたらない。死亡した故人の長年の功績に報いるという色彩が強い場合には、特別受益にあたる可能性がある。

⑥遺族給付　　遺族の生活保障のために支払われるものは、特別受益にあたらない。

⑦被相続人の土地の無償使用　　使用借権に相当する額の特別受益があるとされることがある（更地価格の1〜3割程度）。被相続人と同居しているような場合には、あたらないこともある。

⑧被相続人の建物の無償使用　　特別受益にあたらないことが多い（家賃相当額が特別受益になることはない）。

4　生計の資本としての贈与の条件

民法903条1項の生計の資本としての贈与にあたるためには、①贈与の合意があったことと、②当該贈与が生計の資本としてなされたことが必要である。

①贈与の意思表示については、その財産を「相続人」の1人に与えるという被相続人の意思が必要であり、相続人の1人ではない孫などに贈与するような場合はこの意思表示に含まれない。

5　借地権・賃料相当額

(1)借地権　　借地権の譲渡も、具体的贈与行為があれば特別受益にあたる（東京家審平成12・3・8家月52巻8号35頁）。

なお、被相続人が借地権を有している土地に被相続人の建物がある場合で、相続人の1人が地主から底地を購入したようなときは、当該土地の値段は、借地権価格を差引いた金額で売買される。そうすると、当該相続人は、被相続人が借地権を有しているから、土地を借地権価格を差し引いた金額で購入することができたこととなり、借地権

が消滅する事実経緯であれば当該借地権価格は特別受益となりうる。
　借地権が消滅していない場合には、借地権は相続財産として残存していることとなるため、特別受益の問題にはならない。
(2)賃料相当額　被相続人が所有する土地の上に相続人が建物を建てて無償で土地を使用していたような場合、土地を無償で使用収益していたことが特別受益にあたるとして、賃料相当額を特別受益として主張することが考えられる。しかし、使用貸借権は独立した財産として評価が可能で、現実に特別受益として考慮されうるものである。また、特別受益は、遺産の前渡しとして持戻しの対象となると考えられるものであり、賃料相当額はそのような性質のものではないから、無償使用していたことの利益として賃料相当額を特別受益として主張することは失当である。

6　手続要件

　特別受益の判断は遺産分割協議の中でのみ行える。遺産分割調停や審判は職権主義により行われるため、裁判所が自由に認定できる建前とはなっている。しかし、現実には当事者が主張していないものを認定することはできないので、調停や審判の手続においては具体的に主張をする必要がある。
　訴訟手続において、特定の財産が特別受益財産であることの確認を求める訴えは、確認の利益を欠くものとして不適法である（最判平成7・3・7民集49巻3号893頁）。

7　相続人でない者の受益行為

　相続人でない者の受益は、特別受益にならない。
　ただし、相続人の配偶者や子が贈与を受けた場合であっても、実質的には相続人への贈与であると評価される場合には、相続人の特別受益と評価されることもありうる。
　たとえば、相続人が農業をするのに、相続人の夫の顔を立てて名義

上は農地を夫に贈与し、実質は相続人に利益を与えることが主眼であった場合のように、実質的には相続人への贈与であると評価されるようなときには、持戻し義務を肯定される可能性がある。相続人でない者の受益行為が特別受益にあたるか否かについては、相続人間の実質的な公平の観点から判断される（福島家白河支審昭和 55・5・24 家月 33 巻 4 号 75 頁）。

8　贈与時に相続人でなかった者の扱い

特別受益を受けた者として持戻しをする必要がある者は相続人に限られるが、生前贈与の場合には、当該贈与時に相続人であることまでは必ずしも必要なく、「遺産の前渡し」にあたるか否かで判断すべきである。

①代襲相続の場合の被代襲者の得た特別受益　遺産の前渡しとなり、また代襲者は被代襲者の相続人の地位を引き継ぐため、被代襲者の持戻し義務を引き継ぐ。

②代襲相続の場合の代襲者の得た特別受益　遺産の前渡しになる状況か否かで判断する。贈与時に代襲相続人の地位を得ている場合には持戻し義務を負い、贈与時にまだ代襲相続人となっていない場合には持戻し義務を負わない。

③内縁であった時に贈与を受けたが、相続開始時には婚姻していて相続人の地位を得ている場合　実質的に遺産の前渡しと評価できる場合には持戻し義務を認めるべきである。

9　保険金の受領は特別受益にあたるか

(1) 平成 16 年最高裁決定　保険金の受領については、最決平成 16・10・29 民集 58 巻 7 号 1979 頁が重要である。①保険金請求権は形式的に相続財産には属さない。被相続人が自己を保険契約者および被保険者とし、共同相続人の 1 人または一部の者を保険金受取人と指定して締結した養老保険に基づく死亡保険金請求権は、その保険金

受取人が自らの固有の権利として取得するものであって、保険契約者または被保険者から承継取得するものではなく、これらの者の相続財産に属するものではないというべきである（最判昭和40・2・2民集19巻1号1頁）。

②保険金請求権は実質的にも相続財産には属さない。死亡保険金請求権は、被保険者が死亡した時にはじめて発生するものであり、保険契約者の払い込んだ保険料と等価関係に立つものではなく、被保険者の稼働能力に代わる給付でもないのであるから、実質的にも保険契約者または被保険者の財産に属しているとはいえない（最判平成14・11・5民集56巻8号2069頁）。

③ ①②から、死亡保険金請求権は民法903条1項に規定する遺贈または贈与に関わる財産には該当しない。

④ 903条1項類推適用により持戻しの対象となる場合を条件付で列挙して、「保険金受取人である相続人とその他の共同相続人との間に生ずる不公平が民法903条の趣旨に照らし到底是認することができないほどに著しいものであると評価すべき特段の事情が存する場合には、同条の類推適用により、当該死亡保険金請求権は特別受益に準じて持戻しの対象となると解するのが相当」とした。

(2) 平成16年最高裁決定における「特段の事情」　以下の①〜⑤の諸般の事情を総合考慮して判断すべきとしている。

①保険金の額　高額であれば肯定方向

②この額の遺産の総額に対する比率　数％では否定方向、60％や104％では肯定方向としている決定例は存在する。

・東京高決平成17・10・27家月58巻5号94頁（相続財産の総額1億134万円、保険金額1億129万円）

・名古屋高決平成18・3・27家月58巻10号66頁（相続財産の総額8423万円、保険金額5154万円）

③同居の有無　同居していると否定方向（寄与分的意味合いも総合考慮する状態となっていると考えられる）

④被相続人の介護等に対する貢献の度合いなどの保険金受取人である相続人および他の共同相続人と被相続人との関係
⑤各相続人の生活実態等

(3)具体的持戻し金額　平成16年最高裁決定によれば、死亡保険金額が持戻し対象額とされている（保険金額説）。ただし、相続人間の実質的公平という民法903条1項の趣旨を考慮して、死亡保険金額を被保険者が払い込んだ保険額の割合分のみ認めるという保険金額修正説が採用される可能性も十分にある。

10　贈与財産の評価

(1)財産が滅失している場合　受贈者の行為によらずして、贈与を受けた財産が滅失し、相続時には存在していない場合、特別受益とはならない（たとえば、建物の贈与を受けたが、地震等不可抗力により建物が滅失した場合）。

　ただし、当該財産が滅失した際に対価を得ていた場合や、滅失までの間に受けていた利益がある場合には、当該利益部分が特別受益と評価されることとなる。

(2)財産の価格が変動している場合　贈与の目的物が物の場合、相続開始時にそのままの物の状態で評価するのではなく、贈与時の状態のままとみなして、それを相続開始時の標準に従って評価するのが実務の運用である（最判昭和51・3・18民集30巻2号111頁）。

　現金の場合、貨幣価値の変動を考慮する。すなわち、贈与時の貨幣価値を相続開始時の貨幣価値に引き直して評価する。具体的な引き直し方法は、総務省統計局ホームページの消費者物価指数（CPI）による（前掲最判昭和51・3・18）。

11　「相続させる」という内容の遺言

　遺言の中に、特定相続人に対して、特定の財産を「相続させる」という内容の遺言がなされている場合、当該財産は遺産分割協議の対象

から外れることとなる。そのため、遺贈と同様、当該財産は特別受益として考慮されることとなる。

12 持戻し免除の意思表示

　被相続人は、意思表示によって特別受益者の受益分の持戻しを免除することができる（民 903 条）。

　持戻し免除の意思表示は、明示または黙示を問わず、また意思表示の方式に特別の定めはない（高松高決平成 11・3・5 家月 51 巻 8 号 48 頁。保険金の受領に対する特別受益の主張に対して、黙示の持戻し免除の意思表示を認定した裁判例）。

　持戻し免除の意思表示は、「被相続人が特定の相続人に対して『相続分以外に財産を相続させる意思を有していたことを推測させる事情があるか否か』である」（片岡 = 管野編著・前掲『家庭裁判所における遺産分割・遺留分の実務〔第 3 版〕』289 頁（4）①参照）。

13 遺贈による持戻し免除の意思表示

　遺贈の場合、持戻し免除の意思表示は必ずしも遺言によってされる必要はない。ただし、遺言が要式行為であることを前提にすると、形式が決まっていない生前贈与と比べて、より明確な持戻し免除の意思表示の存在が認められることを要する（大阪高決平成 25・7・26 判時 2208 号 60 頁）。

14 具体的相続分の計算

　特別受益を受けた金額を相続財産に加えた上で相続割合に応じて計算する。

　特別受益額が、当該相続人が取得する具体的相続財産の額を上回る場合でも、通常被相続人は受贈者たる相続人に超過額だけの特別受益を与える意思を有するものと推測すべきであり（民 903 条 1 項・2 項）、超過分について、特別受益者は返還する必要はない（高松家丸亀支審

昭和 37・10・31 家月 15 巻 5 号 85 頁)。

【 *Answer* 】
　民法 903 条の特別受益の制度は、「相続問題」における「相続人当事者間の公平」を図ることを目的としているものである。となると、贈与行為が相続に関係のないものである場合には、特別受益とならないということになる。また、特別受益の有無については、遺産分割審判において、裁判所が職権で認定できるものであり、裁判所は当該条文の趣旨からして、相続人の間の個別具体的な事情を考慮し、持戻し免除の意思表示の有無や寄与分的要素も総合考慮し、個別具体的に相続人間の実質的公平を図る結論をとっていると考えられる。
　本件においても、単純に相続人の特別受益行為のみを主張するだけでなく、具体的贈与行為の事情や各相続人間の関係、被相続人と各相続人との関係などを十分にヒアリングし、特別受益を認め、かつ持戻し免除の意思表示はなかったと判断しなければ、B にとって不公平である、という個別具体的事情を収集していくことが肝要であると考えられる。
　なお、本件において、A の保険金 2400 万円については、X の遺産総額が 3800 万円であるから、割合を考えれば特別受益として考慮される可能性が高い。この場合、裁判例によれば 2400 万円が特別受益として考慮されることとなると考えられる。家の建築費用 1000 万円についても、C の特別受益を D が相続している状況であるから、特別受益として考慮されることとなる可能性が高い。D の医学部の学費 500 万円については、単なる学費ではなく、医学部という現代でも特別に費用がかかる学費ということを考慮すれば特別受益と評価されうるが、D が贈与を受けた当時は相続人としての立場ではなかったことから、特別受益にはあたらないと評価される可能性が高い。
　そうすると本件における各相続人の取得額は、以下の通りとなる。
　① 遺産総額（3800 万円）＋ A 取得保険金（2400 万円）＋ D 代襲相続分特別受益（1000 万円）＝ 7200 万円
　② A の取得額　　7200 万円 × 1/3 − 2400 万円 ＝ 0 円
　③ B の取得額　　7200 万円 × 1/3 ＝ 2400 万円

④Dの取得額　　7200万円×1/3 － 1000万円＝1400万円

◀ 相続法改正 ▶ 特別受益の持戻し免除の意思表示の推定規定

　特別受益の制度について、被相続人が異なった意思表示をした場合には、遺留分に関する規定に違反しない範囲内でその効力を有するとした、いわゆる持戻し免除の意思表示の規定があります（民903条3項）。平成30年に成立した改正民法の規定には、この持戻し免除の意思表示の規定に加えて、配偶者に対する持戻し免除の意思表示の推定規定が追加されました（同条4項）。
　具体的には婚姻期間が20年以上の夫婦の一方である被相続人が、他の一方に対し、その居住の用に供する建物またはその敷地（配偶者居住権を含む）について遺贈または贈与をしたときは、特別受益の持戻し免除の意思表示があったものと推定するという規定です。
　従前より、長年連れ添ってきていた配偶者が生前に被相続人から不動産の名義を変更されている場合、特別受益の主張がされたとしても持戻し免除の意思表示が認定された裁判例が存在しており（東京高決昭和57・3・16家月35巻7号55頁参照）、従来の運用と考え方が変わるものではないと考えられます。ただし、裁判において、今後は持戻し免除の意思表示がなかったことを、被相続人の配偶者以外の相続人が主張しなければならないこととなります。生存配偶者が不動産を生前に贈与されていても、特別受益として評価されると、その余の相続財産の内容によっては、遺産分割のために自宅を売却せざるを得なかったり、売却するまではいかなくとも、今後の生活に困窮したりするようなリスクがある中での持戻し免除の意思表示の立証を強いられていた状況から、配偶者の生活の安全を図る趣旨で制定されました。

VII…寄与分

Case

　会社員であったXが85歳で死亡し、妻のY（80歳）、長男のA（55歳。会社員）、長女のB（50歳。主婦）が相続人となりました。Xに遺言はなく、遺産としては、自宅のマンション（時価3000万円）、預金（残高3000万円）がある程度です。しかし、Xは、80歳前後で認知症を患い、Yが自宅で献身的な看護をしていましたが、死亡前2年間は、特別養護老人ホームで暮らしていました。Aは、妻に指示してこの老人ホームにたびたび見舞いに行かせていましたが、Bは、遠方に住んでいたために1回だけ見舞いに来ただけでした。

　Xの遺産分割の協議を始めたところ、YとAは、法定相続分に従った分割では不満だと言い出しています。

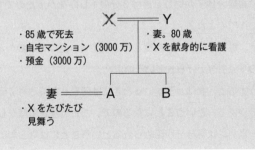

・・・

ノボル：今日、夫Xを亡くした妻Yとその子どもAが、通常の遺産分割に加えて、夫の生前、看病してきたことに対する貢献分を主張してほしいという相談がありました。

姉　弁：いわゆる「寄与分」の相談ね。

ノボル：はい、YはXの看病をし続けていた中、子どもたちのうち、少なくともBは何もしなかったようです。この場合、民法904条の2の「療養看護」をした者と言えるので、当然認められると回答しておきました。

姉 弁：民法904条の2の規定は昭和56年に施行された「民法及び家事審判法の一部を改正する法律」により新たに設けられた制度ということは知ってる？

ノボル：え、そうだったのですか。私が勉強している時には当然存在している規定だったので全く知りませんでした。でも、だからといって、認められている制度ですよね。何か問題がありますか？

姉 弁：制度趣旨から考えるとそうはならないのよ。もともと、この改正が行われる前は、妻が子と共同相続する場合には、妻の相続分は3分の1しかなかったの。従前の法律だと、今回の相談者のようなケースでは、妻が夫の財産形成のために多大な貢献をした場合でも、妻は3分の1しか相続することができず、相続において不平等だ、というところから、法律上の規定はないけれども、相続人間の実質的衡平を図るために判例上認められていたものだったの。寄与分は法定相続分の修正要素という性格があるということなの。

ノボル：妻の相続分は子がいるときは3分の1しかなかったのですか？　今は2分の1ですよね？

姉 弁：そう、寄与分が民法に制度として規定された際に、妻の法定相続分も2分の1に引き上げられているのよ。

ノボル：そうすると、妻は、子がいるときには何もしなくとも2分の1の法定相続分がある、ということになるので、たとえ療養看護をしていたとしても、当然には寄与分が認められるということにはならない、ということになりますか。

姉 弁：そう、妻は夫に対して法律上扶養義務を負っているので、ある程度の療養看護は当然に行うものなので、一般に妻が夫に対して行うような看護だと、法定相続分によって精算されがちなの。なので、この事案については、もう少し事案を確認して、寄与分に対する協議が難しいようであ

れば、審判までもっていくことについては、結論として難しい可能性があることを十分に説明する必要があると思うわよ。

ノボル：ありがとうございます！　もう少しYさんの話を聞いて良く説明するようにします。

Check List

□被相続人の相続人の主張か［→ **1**］
□被相続人の生存中に寄与したものか［→ **2**］
□主張をしようとする者が寄与行為をした者か［→ **3**］
□寄与行為が「特別の寄与」であるか［→ **4**］
□主張する相続人は被相続人に対して扶養義務があるか［→ **5**］
□寄与行為により被相続人の遺産が維持または増加したか［→ **6**］
□審判申立の場合、遺産分割調停が申し立てられているか［→ **7**］
□申立の時期は適切か［→ **7**］
□主張しようとする者の配偶者や親族の寄与行為があるか［→ **8**］
□遺言書に寄与分の定めがあるか［→ **9**］
□主張しようとする寄与分の金額が遺留分を侵害することはないか［→ **10**］
□具体的な寄与行為の金額について検討できているか［→ **11**］
□生前贈与や遺贈がなされていないか［→ **12**］

[解説]

1 寄与分の主張ができる相続人
(1)相続人でない者　内縁の妻など相続人でない者は、寄与分の主張はできない（民904条の2）。寄与分は相続の修正要素という基本的性格をもっているから、相続人のみが主張できる。内縁の妻の他、事実上の子、相続人の配偶者や子などの相続人ではない者は寄与分の主張はできない（例外につき、**8**〔75頁〕参照）。

　なお、相続人でない者については、財産の形成過程を立証し、実質共有持分を主張し、共有物分割請求（民256条）または不当利得返還請求（民703条）により解決を図ることが考えられ、利害関係人として遺産分割調停に参加するなど、相続手続に参加することも検討できる。

(2)代襲相続人　代襲相続人は、被代襲者の寄与分の主張ができる。寄与分制度は共同相続人間の公平を図ろうとするものであるから、代襲相続人は、被代襲者の寄与により修正された相続分を受け取れるので被代襲者の寄与分を主張できる。被代襲者が死亡する前の代襲相続人本人の寄与分も主張できる（東京高決平成元・12・28判タ762号172頁。一家で農業に従事していた事例について、被代襲者およびその配偶者、代襲者の寄与分を考慮した）。

(3)寄与時に相続人でない者　寄与行為時に相続人でなくとも、相続時に相続人であれば、寄与行為時の寄与分を主張することができる。

2 相続開始後の寄与行為
　財産の維持や増加に寄与したのが相続開始後である場合には、寄与分の主張ができない。寄与分とは、共同相続人の一部の者が被相続人の財産の維持または増加に対し、通常の程度を超えて寄与した場合に、遺産分割に際し、相続開始時における具体的相続分を算定するにあたり、共同相続人間の衡平を図る見地から、特別受益と同様に、その寄与を評価すべきものとされるものにほかならないから、相続開始時を

基準としてこれを考慮すべきであって、相続開始後に相続財産を維持または増加させたことに対する貢献は、寄与分として評価すべきものではないと解すべきである（東京高決昭和57・3・16家月35巻7号55頁。相続開始後に遺産の土地の管理をしていた者により、土地上の賃借権が消滅し、更地となり価値が上昇していた事例）。

3　寄与行為者以外の相続人の寄与分の主張

寄与分を主張することができるのは寄与行為をした者に限られ、その他の相続人が当該寄与をして、相続人の寄与分について審判申立をすることはできない。

4　特別の寄与

(1)最高裁家庭局の解釈　「特別の寄与」となるには、被相続人と相続人の身分関係に基づいて通常期待されるような寄与を超えるような貢献でなければならない。

「民法904条の2第1項は、『特別の寄与』を必要としている。この趣旨は相続財産の維持増加に対する貢献には大小様々の程度のものがありうるが、被相続人と相続人の身分関係に基づいて通常期待されるような程度の貢献は相続分自体において評価されているとみることができ、特にこれを相続分の修正要素として扱う必要はないこと、また、通常期待されるような程度の貢献をも寄与分として評価し、相続分の修正要素とみることは『相続分』を極めて可変的なものにすることになり、権利関係の安定を著しく害するおそれがあることなどから、通常期待されるような程度の貢献は寄与分として評価しないものとしたものである」（最高裁判所事務総局家庭局「改正民法及び家事審判法規の解釈運用について」家月33巻4号2頁）。

(2)具体的な判断基準　特別の寄与には、①家事従事、②療養看護、③財産の給付・財産管理などがあるが、例示列挙である（条文上「その他の方法」も想定されている）。

「特別」の寄与といえるか否かについては、必要性、程度、無償性、期間、専従性等から判断する。
(3) 東京家庭裁判所家事5部の運用方針（参考。前掲判夕1418号36頁）
　①家事従事型　　特別な貢献・無償性・継続性・専従性・財産の維持または増加との因果関係
　②金銭等出資型　　特別な貢献・無償性・財産の維持または増加との因果関係
　③療養看護型　　療養看護の必要性・特別な貢献・無償性・継続性・専従性・財産の維持または増加との因果関係
　④扶養型　　扶養の必要性・特別な貢献・無償性・継続性・財産の維持または増加との因果関係

5　扶養義務者の寄与分の主張
　夫婦間の協力扶助義務（民752条）、親族間の扶養義務・互助義務（民877条1項）の範囲内の貢献であれば、「特別の寄与」にはならない。

6　精神的寄与
　財産上の効果が必要である。被相続人の精神的支柱となった等、精神的効果では認められない。

7　手続要件
(1)単独の審判申立の可否　寄与分の主張をするには遺産分割調停が申し立てられている必要があり、単独の審判申立はできない（調停申立については制限はなく可能である）。
(2)申立の時期　裁判所から遺産分割調停手続の進行状況により、申立の時期を制限されることがある。この場合は時期を経過すると寄与分の申立をすることはできないこととなる。また、遺産分割手続が進みすぎた場合には、裁判所により申立を却下される可能性がある（民907条3項）。

8　配偶者や親族の寄与行為

　原則として、相続人の配偶者や親族は寄与分の主張はできない。ただし、相続人以外の者の被相続人への寄与が、相続人の履行補助者的立場にある者の無償の寄与行為と評価され、当該相続人にとっての特別の寄与があるものと認められる場合がある（東京家審平成12・3・8家月52巻8号35頁（療養看護型。相続人の配偶者および子）、前掲東京高決平成元・12・28（家事従事型。被代襲者およびその配偶者等）、東京高決平成22・9・13家月63巻6号82頁（療養看護型。相続人の配偶者））。

9　遺言書による寄与分の定め

　本来、寄与分を遺言書で定めても有効ではない。ただし、遺言書に記載されている文言を十分に読み取り、寄与分という文言があるだけで遺言書を無効とすべきではなく、遺贈として解釈できる場合がないかを検討する（たとえば、「生前自分の財産に対し多大な貢献をした妻に対し、寄与分として甲不動産を与える」という遺言は、甲不動産を妻に遺贈すると解釈する余地がある）。

10　寄与分と遺留分

　民法上には寄与分と遺留分の関係については規定が置かれていないため、寄与分に上限はなく、遺留分を侵害するような形の寄与分の主張をすることは法律上問題がない。

　しかし、寄与分の制度は、相続人間の実質的公平を図ることを目的として設けられた制度であり、民法上遺留分減殺請求という制度が存在している以上、他の相続人の遺留分を侵害するほどの寄与分を認めないと相続人間の実質的公平が確保できないような場合でない限り、遺留分を侵害するような金額の寄与分は認められにくいと考えられる。逆に、寄与分を取得した者に対して、寄与分部分について遺留分減殺請求をすることも認められない。

　遺留分減殺請求により取り戻された財産について、これを遺産分割

の対象とし、寄与分の主張をすることもできない（猪瀬慎一郎「寄与分に関する解釈運用上の諸問題」家月33巻10号54頁）。

11　寄与行為の評価方法
　相続開始時の相続財産の価額（特別受益等の価額もすべて含む）から、寄与分を控除したものを相続財産とみなして（みなし相続財産）、みなし相続財産を通常の民法の規定に沿って相続分を算定し、この算定された相続分に寄与分を加えた額が、寄与分を主張する相続人の相続分となる（民904条の2第1項）。

（1）家業従事型（被相続人の事業に対して労務を提供する場合）
　寄与相続人が通常得られたであろう給付額×（1－生活費控除割合）×寄与期間

（2）金銭等出資型（被相続人の事業に関して財産上の給付をする場合、または被相続人に対して財産上の利益を給付する場合）

　　①動産または不動産の贈与の場合　　相続開始時の価格×裁量割合
　　②不動産の使用貸借の場合　　　　　相続開始時の賃料相当額×使用期間×裁量割合
　　③金銭の贈与の場合　　　　　　　　贈与金額×貨幣価値変動率×裁量割合
　　④金銭融資の場合　　　　　　　　　利息相当額×裁量割合

（3）療養看護型（病気療養中の被相続人の療養看護に従事する場合）
　療養看護行為の報酬相当額

（4）扶養型（法律上の扶養義務がない、または扶養義務はあるがその義務の範囲を著しく超えて扶養し、被相続人が出費を免れたため財産が維持された場合）　　扶養のために負担した額×裁量割合

（5）財産管理型（被相続人の財産を管理することによって財産の維持形成に寄与した場合）　　相当と思われる財産管理費用×裁量割合。ただし、遺産の総額の裁量割合で寄与分を算定している裁判例もある（東京高決平成22・5・20判タ1351号207頁）。

以上の詳細については片岡＝菅野編著・前掲『家庭裁判所における遺産分割・遺留分の実務〔第3版〕』10章参照。

12　生前贈与・遺贈と寄与分

(1)生前贈与と寄与分　寄与分の額については、生前贈与（特別受益）の価格を考慮してもなお、相続人間の実質的公平を図れない場合にのみ寄与分の主張が認められうる。なお、寄与分に見合う生前贈与等が、相続人の寄与行為に報いる趣旨でなされた場合には、寄与行為に対する実質的精算が行われたものとして、寄与分を認めないこととされることが多い。

(2)遺贈と寄与分　寄与分の額は、被相続人が相続開始の時において有した財産の価額から遺贈の価額を控除した額を上限としなければならない（民904条の2第3項）。

　遺贈の価格を考慮してもなお、相続人間の実質的公平を図れない場合にのみ、寄与分の主張が認められうる。

(3)民法903条と904条の2の適用順序　寄与分を定める際に、すべての事情が総合考慮されるため、寄与分割合を検討する際に、生前贈与の関係についても検討しておく必要がある（前掲東京高決平成22・5・20（家事従事型。特別受益分をまず算定し、特別受益の金額も遺産の総額とした上で、裁量割合による寄与分を算定））。

【 *Answer* 】

　本件の妻Ｙが行なった療養看護が寄与分として認められるためには、それが夫婦間の協力扶助義務（民752条）を超えるような「特別の寄与」でなければならない。被相続人Ｘが認知症であったこと、療養期間がＸの80歳から83歳までの約3年間という期間、自宅での療養といった点を勘案して、上記の点を立証できるかがポイントとなる。

　他方、長男Ａが妻をＸが療養する老人ホームに見舞いに行かせていた点については、相続人であるＡが妻の寄与を主張することは可能であるも

のの、見舞いに行かせていたことが「被相続人の遺産が維持又は増加したこと」となるかという点で問題になろう。一般的にいえば、療養看護ではなく見舞いということであれば、「遺産が維持又は増加した」と認められる場合は極めて限定的となろう。

◆相続法改正▶ 特別寄与者（改正民1050条）

　改正民法において、被相続人に対して無償で療養看護その他の労務の提供をしたことにより、被相続人の財産の維持または増加について特別の寄与をした相続人以外の親族（特別寄与者）については、相続の開始後、相続人に対して、寄与に応じた額の金銭（特別寄与料）の支払を請求することができることとなりました（1050条1項）。従前は寄与分の主張は相続人しかできず、相続人以外の者の特別の寄与は、相続人の履行補助者と評価される場合に、相続人の寄与分として評価されるということが限界でしたが、平成30年改正により、特別寄与者が特別寄与者個人として、特別寄与料を主張することができるようになります。

　具体的には、特別寄与者は、特別寄与料の支払いについて、相続人に対して協議を求め、協議が調わない場合は、相続の開始および相続人を知った時から6か月または相続開始の時から1年までの間に、家庭裁判所に対して協議に代わる処分を請求することができます（2項）。

　特別寄与料の額は、被相続人が相続開始の時において有した財産の価額から遺贈の価額を控除した残額を超えることができず（3項）、また相続人が数人ある場合には、各相続人は、特別寄与料について相続人の相続割合に応じた額を負担することとなります（4項）。

　従来、相続人しか遺産分割の協議には関与できないことがありましたが、特別寄与料の主張をすることにより、遺産分割調停などにも利害関係人として参加ができることとなる可能性もあります。

VIII…相続分持分の譲渡

Case

　配偶者および子がいないXが90歳で死亡しました。すでに両親は死亡しており、Xの兄弟はA、BですがAはすでに死亡しているため、相続人はAの代襲相続人としてAの子のC、DおよびBの3名です。遺言は存在していません。Xには預貯金および不動産があり、事業を行っていたため事業用の負債が存在しています。Xと懇意にしていたCが財産の管理をしていたため、CはBおよびDに対して、遺産分割の調停を申し立てました。

　Dは、もらえる相続財産はほしいとは考えていますが、自分で調停に参加して遺産分割の手続に関わることも面倒なので、自分の相続分持分を有償で譲渡し、相続という手続には今後関わりたくないと考えているようです。

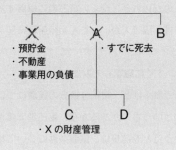

・・・

ノボル：相続分持分の譲渡の手続なのですが、普通の財産の売買契約のように、価格を決めて譲渡契約書をつくれば良いのでしょうか。金額も決まっているので相続分持分の譲渡をしてほしいという相談があり、普通に契約

書をつくれば良いのかなと思ったのですが。
兄　弁：契約書はつくった方が良いと思うけど、相続分持分の譲渡というのは、相続人が遺産全体の上にもつ包括的持分または相続人の地位を譲渡するということなので、少し別の配慮が必要になると思うよ。
ノボル：相談者の話では財産は不動産と預貯金があり、あとは事業用の負債があるそうです。
兄　弁：負債があるんだね。負債については債権者との関係もあり、相続人の地位を譲渡したからといって、単純にその相続人が負担を免れるということにはならないから注意が必要だよ。
ノボル：そうなのですか？　地位が移転するので、当然に負債も移転するのかと勘違いしていました。それは説明をする必要がありました。
兄　弁：ちなみに、譲渡するのは、ほかの相続人に対して？　それとも全くの第三者に対して？
ノボル：……すみません。単純に契約書をつくると思ったので、財産については詳しくヒアリングしましたが、誰に譲渡するかについては、特にまだ聞いていませんでした。
兄　弁：不動産もあるから、登記手続などについても、きちんと説明しておいた方が良いよ。相続人に対して譲渡をするならば、譲渡人の手続は必要なくなると思うのだけれど、全くの第三者に譲渡する場合には、最終的な登記に関しては、譲渡人がいったん相続手続に関与しなければならなくなると思うよ。
ノボル：わかりました。すぐに確認してみます。
兄　弁：ついでに伝えておくけど、相続分持分の譲渡については、ほかの相続人からの取戻権というものがあるから、第三者に譲渡する際にはその可能性もあるということを前提に、譲渡条件について検討する必要もあると思うよ。また、これに絡んで相続人が取戻権を行使する期間が決まっているから、譲渡契約後に、相続分持分を譲渡したことを相続人に通知をする必要もあるんじゃないかな。
ノボル：なんだかとても大変ですね。本当に譲渡して良い事案なのか、もう一度

打ち合わせをして確認をしたいと思います。

> **Check List**
> □相続分持分の譲渡の成立要件［→ **1**］
> □一部譲渡も可能か［→ **2**］
> □被相続人に負債は存在していないか［→ **3**］
> □譲渡する相続人が、全部譲渡後も遺産分割手続に関与することはできるか［→ **4**］
> □譲渡について、相続人や第三者に通知が必要か［→ **5**］
> □譲渡について、相続人から取戻権の行使をされる可能性はないか［→ **6**］
> □相続財産のうち不動産の持分のみを譲受人は第三者に売却できるか［→ **7**］
> □遺産分割終了後、登記手続は当初相続人である譲渡人の関与なしにできるか［→ **8**］

［ 解 説 ］

1　相続分持分の譲渡の成立要件

　相続分持分の譲渡とは、相続人が遺産全体の上にもつ包括持分または相続人の地位を、他の共同相続人または第三者に譲渡することをいう。民法上に詳細な規定はないが、取戻権を規定した民法905条によれば、遺産分割前に当然相続分持分の譲渡ができることが前提となっている。

　相続開始から遺産分割の前になされる必要があり、相続人間でも第三者に対するとを問わず、有償・無償を問わない。口頭合意でも成立する。

2　一部譲渡の可否

一部譲渡ができるか否かについては争いがあるが、相続分持分自体が遺産全体に対する分数的割合の財産権である以上、その一部の譲渡は可能であると解される（片岡＝菅野編著・前掲『遺産分割・遺留分の実務〔第3版〕』117頁(5)）。

3　被相続人に負債が存在する場合

相続分持分の譲渡が、「相続人が遺産全体の上にもつ包括的持分又は相続人の地位」の譲渡である以上、本来負債も移転すると考えられる。

したがって、相続分持分の譲渡の合意をした際に、負債の存在について知らされておらず、結果として負債部分の負担をすることとなった場合、相続分持分の譲渡の意思表示の過程において、錯誤があったとして、当該譲渡契約の有効性の問題となりうる。したがって相続分持分の譲渡契約を締結する際に負債がある場合には、当事者間でこの負債に対する詳細を決めておく必要がある場合がある。

債権者との間で、当該相続分持分の譲渡について対抗できるかについては争いがある。この点、当該譲渡行為が債権者の意思にかかわらずに行われるものであるから、債権者との関係では譲渡人が債務を免れることにはならないと解される。

こう考えると、相続分持分の譲渡により、債権者と譲渡人との関係は何ら変わらず、債権者と譲受人との関係はいわゆる併存的債務引受の関係になり、債権者はどちらにも請求をしていくことが可能となる（不真正連帯債務）。譲受人、譲渡人どちらが支払ったかによって、後は内部的求償（当事者間に特別の合意があればその合意に、特になければ譲渡人の負担割合は0となると考えられる）の問題となる。

4　譲渡後の相続人の地位

共同相続人のうち、自己の相続分持分の全部を譲渡したものは、遺

産確認の訴えの当事者適格を有しない（最判平成 26・2・14 家判 1 号 65 頁）。そうすると、相続分持分を全部譲渡した相続人が遺産分割調停手続に関与することはできないと考えることが相当である。一方、遺産分割に関しては、譲受人を必ず参加させるべきであるとする裁判例が存在する（東京高決昭和 28・9・4 高民 6 巻 10 号 603 頁）。

　もっとも、すでに遺産分割調停が開始したあと、1 人の相続人が相続分持分の全部を譲渡した場合は、当然に調停の当事者ではなくなるということはなく、家庭裁判所が当事者となる資格を有しない者および当事者である資格を喪失した者を、職権で家事調停手続から排除することができる（家事 258 条・43 条準用）。

　したがって、相続分持分を譲渡し、手続から脱退したい者は、相続分持分譲渡後に、その旨を裁判所に上申し、排除の決定を得ることにより調停手続から脱退することができる。

5　手続要件──第三者や相続人への通知

　相続分持分の譲渡については、対抗要件についての規定はない。

　相続分持分の譲渡が、相続人が遺産全体の上にもつ包括持分または相続人の地位を他の共同相続人または第三者に譲渡することをいうのであるから、各個別の財産について対抗要件を具備する必要はない（たとえば、第三者に対する債権譲渡の通知などの対抗要件具備は不要である。前掲東京高決昭和 28・9・4）。

　他の共同相続人に対して通知が必要かについては争いがあり、裁判例も判断が分かれているところである（前掲東京高決昭和 28・9・4 の原審、横浜家横須賀支審昭和 27・11・18）。この点、民法 905 条 2 項で、相続人の取戻権の行使期間を 1 か月と認めていることからすると、相続人の取戻権の行使の機会を失わせることがないようにするためにも、譲渡人から他の共同相続人に通知することによって、対抗力を生じると解する見解が有力である。実務的には相続分持分譲渡がなされた後には、他の共同相続人全員に、譲渡について通知をすべきである。

6　取戻権

取戻権は、相続分持分の譲渡によって、相続人以外の第三者が遺産分割手続に参加してくることを望まない場合、相続人の1人が譲受人に対して、当該相続分持分価額および費用を現実に提供して譲渡相続分持分を取り戻すことができる権利である（民905条1項）。

当該相続分持分の価額は時価相当であり、相続分持分の譲渡の価格がそれより高額であった場合でも、無償であった場合でも同様に時価である。

費用とは、譲渡人が譲受けのために支出した費用のことをいう。

取戻権を行使できる期間は1か月以内に限られている（民905条2項）。この1か月の起算点については、相続分持分の譲渡時か、相続分持分の譲渡の通知の到達時かについて争いがあるが、相続分持分譲渡の相続人への通知が、相続人に対する対抗要件であるとする考え方を前提にすると、当該通知の到達時を起算点とすべきである。

取戻権の行使は、相続人共同でも単独でも行うことができる。単独で行った場合には、取戻権を行使した相続人が当該相続分持分をすべて取得することとなる。

7　不動産の持分の譲渡

不動産については、相続が発生した段階で、相続分持分に応じて単独で共有登記をすることができ、現実に売却することは可能である。学説上争いはあるが、実務上、遺産分割前に相続人が自身の相続割合の共有持分を売却することができる。判例も、「共同相続人の共同所有の関係は、民法249条以下の通常の共有の性質をもち、共同相続人の1人から特定不動産に対する共有持分権を譲り受けた第三者は、適法にその権利を取得することができる」としている（最判昭和50・11・7民集29巻10号1525頁）。

第三者は、これが遺産分割未了の相続財産の一部であるということを知っていても、当該共有持分の所有権を有効に取得することができ

る。

　なお、この問題は、相続分持分の譲渡（または一部譲渡）ではなく、単なる相続財産の一部の譲渡であることから、相続人は不動産の共有持分を取得した第三者に対して、取戻権を行使することはできない（最判昭和53・7・13判時908号41頁）。

8　登記手続

　登記手続は、持分の譲渡が相続人に対する譲渡の場合には、譲渡人の関与なくすることができる（昭和59年10月15日付民三第5195号民事局第三課長回答）。

　第三者に対する譲渡の場合には、まず法定相続人において相続を原因とする所有権移転登記をした上で、その後に相続分持分の売買または贈与等を原因とする持分移転の登記を行うこととなる。このため、相続分持分の譲渡後も譲渡人は、遺産分割成立後の手続への関与が必要となる場合があるため、注意が必要である。

【 *Answer* 】

　相続分持分の譲渡については、民法上明確な規定があるのではなく、相続分持分の譲渡ができることを前提とした取戻権の条文のみを根拠としているため、要件や手続等は解釈に委ねられている。本件では相続分持分について、相続人の誰かに譲るということであれば、負債の有無を確認し、負債がある場合には当該負債をどう処理するかの合意を譲受人との間で協議し、相続財産を十分把握した上で対価を決めて譲渡すれば、他の相続人が相続放棄などをしない限り、今後相続手続に関わることは基本的にはなくなると思われる（預金の払戻等の実務的な手続は残る可能性はある）。一方、相続人以外の第三者への譲渡を検討する場合には、他の相続人から取戻権を行使されるおそれはないか、遺産分割手続から脱退できるかどうか、脱退できたとして、遺産分割が成立した後に不動産登記などで関与しなければならない可能性はないかなど、諸々検討を要することとなろう。

第 **2** 章

遺留分

第2章 ● 遺留分

I…遺留分が問題となる相談を受けたら

Case

被相続人X（Xの夫はすでに死亡している）の相続人は、長男A、次男Bおよび長女Cの3名です。Xは、平成30年5月10日に死亡しました。Xの相続財産は、Xが夫から相続して住んでいた自宅の土地建物（時価3000万円）と、預貯金500万円がありますが、Xは、長男Aに対して、自宅不動産と預貯金100万円、次男Bに対して預貯金200万円、長女Cに対して預貯金200万円を相続させるという内容の遺言を遺していました。

次男Bおよび長女Cから、長男が自宅不動産はすべてもらって、自分たちは預貯金を200万円ずつしかもらえないのは納得いかないが、円満に話し合って解決できるようにしたいという相談を受けました。

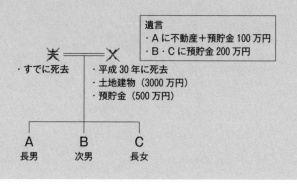

・・・

ノボル：被相続人である母親が死亡して、相続人である3人兄弟のうち、長男が自宅不動産と預貯金100万円を相続し、次男と長女は預貯金200万円ず

つを相続するという遺言を遺していたのですが、次男と長女から、納得いかないが、どのように対応したら良いかという相談を受けました。

兄　弁：遺留分が問題となる事案だね。

ノボル：はい。次男と長女は、遺留分というものがあると知って、相談に来る前に、すでに長男に対して、遺留分を請求するということは口頭で伝えているそうです。兄弟間のことなので、できれば円満に解決したいと思っているようなので、遺産分割調停の申立をしようかと考えているのですが、この場合でも、遺留分減殺請求通知を書面でしておいた方が良いのでしょうか。

兄　弁：もちろんそうだね。遺留分減殺請求権の行使には時効があるし、遺留分減殺請求の意思表示をしたといえるのか、いつしたのか、後で問題とならないように、話し合いや調停をする場合であっても、別途、配達証明付きの内容証明郵便で遺留分減殺請求の通知をしておくのが鉄則だよ。

ノボル：では、調停の準備も進めつつ、まずは遺留分減殺請求の通知を出すようにします。

兄　弁：生前贈与があったりはしない？　遺留分算定の基礎に含まれる場合もあるよ。

ノボル：あ、確認していませんでした。今後の打ち合わせの際に、そのあたりも確認してみます。

兄　弁：それから、今回は、次男と長女の両方を代理して手続を進めようということなの？

ノボル：はい。2人の意見は一致していますし、一緒にやってほしいと言われているので、そうしようと思っています。

兄　弁：今は2人の利害も一致しているから、一緒にやった方が話もしやすいだろうし、円満解決という点からも、2人の代理人としてやっていくということで良いと思うけれど、弁護士倫理の問題として、もし今後、次男と長女の利害が対立するようなことになった場合には、以後はいずれの代理人としても継続できなくなるとされているから、その点についても、良く当事者に説明しておくことが必要だね。

ノボル：わかりました。ありがとうございます。

> **Check List**
> □遺留分とは〔→ 1〕
> □そもそも遺留分権利者であるか〔→ 2〕
> □遺留分の侵害があるか〔→ 3〕
> 　□遺言の内容はどうなっているか
> 　□生前贈与はなされていないか
> □遺留分減殺請求の意思表示〔→ 4〕
> 　□内容証明郵便による意思表示を検討したか
> 　□遺産分割協議や調停を行う場合でも意思表示をする必要があるか
> □遺留分減殺請求の相手方は誰か〔→ 5〕
> □遺留分減殺請求権の時効や除斥期間を経過していないか〔→ 6〕

[解説]

1 遺留分とは

(1)制度概要　遺留分とは、被相続人の相続財産について、一定の法定相続人に一定割合の承継を保障する制度であり、民法では、被相続人による自由な財産処分を尊重して、遺留分を侵害する遺言については、その意思どおりの効力が生じるものとしつつ、遺留分を回復させるかどうかについては遺留分権利者の意思に委ねるという制度になっている。

(2)遺留分割合　遺留分割合（承継を保障されている割合）は、遺留分権利者全体に残される割合については、直系尊属のみが相続人の場

合は3分の1、それ以外の場合は2分の1であり、各遺留分権利者に残される割合については、上記全体に残される割合に法定相続分割合を乗じた割合とされている（民1028条）。

たとえば、配偶者および子ども3名が遺留分権利者である場合は、全体の遺留分割合は2分の1であり、個別の遺留分割合は、配偶者が4分の1、子ども3名が各12分の1となる。

（3）減殺の順序　減殺の順序については、まず、遺贈された財産について財産の価格の割合に応じて減殺される（民1033条・1034条）。ただし、遺言者が遺言でこれと異なる意思表示をしていた場合は、その意思に従って減殺される（民1034条ただし書）。たとえば、複数の者に対する遺贈がなされている場合において、遺言者が、Aに対する遺贈から先に減殺の対象とするよう意思表示をしていた場合には、すべての財産の価格の割合に応じるのでなく、まず、Aに対する遺贈から減殺の対象とされる。遺留分権利者には選択権はない。

遺贈された財産について減殺されても、まだ遺留分に足りない場合には、生前贈与について、後になされた生前贈与から順に減殺される（民1035条）。

2　遺留分権利者

（1）兄弟姉妹に遺留分はない　遺留分権利者は、被相続人の配偶者、子、子の代襲相続人、直系尊属とされている。兄弟姉妹には遺留分はない（民1028条）。胎児は生きて生まれれば、子としての遺留分が認められる（民886条）。

（2）代襲相続等　遺留分権利者が、被相続人よりも先に死亡した場合や、相続欠格事由（民891条）に該当する場合、廃除により相続権を失った場合は、代襲相続により、その者の直系卑属が遺留分権利者となる（民1044条・887条2項・3項）。なお、相続放棄は代襲原因ではないため、遺留分権利者が相続放棄をした場合には、その直系卑属は遺留分権利者とはならない。

(3) 承継人　遺留分権利者の承継人も、遺留分減殺請求権者となる（民1031条）。承継人には、相続人、相続分の譲受人等の包括承継人のほか、個別的な減殺請求権の譲受人等の特定承継人も含まれるとされている（中川善之助＝加藤永一編著『新版注釈民法（28）』（有斐閣、平成14年）449頁〔中川淳〕）。

3　遺留分の侵害の有無

(1) 遺言の内容の確認　遺言の内容が、たとえば、「妻に全部の遺産を相続させる」というように、相続人のうち一部の者にすべてまたは大半の遺産を相続させるものである場合には、他の相続人の遺留分を侵害している可能性が疑われる。

(2) 生前贈与の確認　遺留分の算定の基礎とされる財産は、被相続人が相続開始時に有していた財産の価額にその贈与した財産の価額を加えた額から、債務全額を控除して算定するとされ（民1029条）、贈与は、原則として、相続開始前1年間にされたものについて、その価額を算入する。当事者双方が遺留分権利者を害することを知って行った贈与は、1年より前になされたものであっても対象とされる（民1030条）。

　また、不相当な対価によりなされた有償行為については、当事者双方が遺留分権利者を害することを知って行った場合は贈与とみなされる。なお、この場合に減殺請求をするときは、遺留分権利者は対価を償還しなければならない（民1039条）。

　特別受益（共同相続人のうち被相続人から婚姻、養子縁組のため、もしくは生計の資本として贈与を受けたもの。第1章Ⅵ〔56頁〕参照）については、その価額を加えたものを相続財産とみなすとされており（民903条）、時期や遺留分権利者を害する意思の有無を問わず、遺留分算定の基礎とされる（持戻し免除の意思表示があったとしても加算される）。これは、相続人間の公平を図るためである。

4 遺留分減殺請求の意思表示

(1)内容証明郵便　遺留分減殺請求の意思表示を行う際には、後の立証の観点から、配達証明付き内容証明郵便によるべきである。

　相続開始後初期の段階では、実際にどのような遺産や債務、また、生前贈与等が存在するのか必ずしも明確であるとは限らないが、このような場合であっても、時効の問題もあるため、遺産の全部または大半を一部の相続人に相続させるような内容の遺言が遺されていた場合で、他の相続人において、遺留分について争いたいという意向があるときは、念のため、遺留分減殺の意思表示を行っておくことも必要である。

(2)遺産分割協議や調停を行う場合等でも遺留分減殺の意思表示はしておく　すでに遺産分割協議の申入れや、遺産分割調停等の申立を行っている場合に、そのような申入れ等をもって遺留分減殺の意思表示とみることができるか、という点については、包括受遺者に対して包括遺贈の効力を争うことなく遺産分割協議の申入れをしたときには、特段の事情のない限り、その申入れには遺留分減殺の意思表示が含まれると解するのが相当であるとする判例がある（最判平成 10・6・11 民集 52 巻 4 号 1034 頁）。

　もっとも、遺産分割と遺留分減殺とは、その要件、効果を異にするため、遺産分割協議の申入れに、当然に遺留分減殺の意思表示が含まれているということはできないとされており、個別の事情にもよるものの、後の争いの可能性を回避するためにも、遺産分割協議の申入れや調停の申立てを行う場合でも、別途、配達証明付き内容証明郵便によって遺留分減殺の意思表示を行っておくべきである。また、遺言の有効性を争う場合にも、予備的に遺留分減殺請求の意思表示をしておくべきである。

5 遺留分減殺請求の相手方

　遺留分減殺請求の相手方は、原則として、受遺者、受贈者およびそ

の包括承継人であるが、悪意の特定承継人等に対しては、減殺請求できる（民1040条1項ただし書・2項）。

包括遺贈の場合には、遺言執行者に対して減殺請求することができるとされている（大判昭和13・2・26民集17巻275頁）。

特定遺贈の場合も、遺言執行者がいるときには、相手方としうるとされているものの、時効消滅への配慮から、受遺者、受贈者等と遺言執行者の双方に対して請求しておくのが良いと考えられる。

6 遺留分減殺請求権の時効等

遺留分減殺請求権は、遺留分権利者が、相続開始および減殺すべき贈与または遺贈があったことを知った時から1年を経過すると消滅する（民1042条前段）。これは、時効消滅と解される。

相続開始から10年を経過した場合も消滅する（民1042条後段）。これは、除斥期間と解されている。なお、相続開始の時から10年を経過した後になされた遺留分減殺請求権の行使について、遺留分減殺請求権を行使することを期待できない特段の事情があった場合は、そのような特段の事情が解消された時点から6か月以内に権利を行使した場合には、民法160条の法意に照らし、1042条後段による遺留分減殺請求権消滅の効果は生じないものと解するのが相当とする裁判例がある（仙台高判平成27・9・16判時2278号67頁）。

減殺請求権行使の効果として、目的物は直ちに減殺請求者に復帰すると解されており（形成権＝物権説）、以後は、減殺請求権そのものの消滅時効を考える余地はないとされている（最判昭和41・7・14民集20巻6号1183頁）。

【 *Answer* 】

相続人が兄弟3人であるため、相談者である次男Bと長女Cの遺留分は、全体の6分の1ずつとなる。遺留分減殺請求については時効や除斥期間が設けられており、後日、意思表示を行ったことについての立証を要す

る場合もあるため、配達証明付き内容証明郵便により、通知を行うべきである。

> ◀コラム▶ 遺留分減殺請求の意思表示の方法
>
> 　訴訟において、訴状や答弁書に遺留分減殺の意思表示の記載をすることもありますが、これは、訴状の送達手続や、答弁書の受領書面の提出により、遺留分減殺の意思表示が相手方に到達した事実が訴訟記録上明らかになることが前提とされています。他方、調停においては、申立書の写しが相手方に送付されるものの、送達手続は要求されていませんので、いつ相手方に送付されたか、また相手方が調停に出頭しない場合にはそもそも送付されたのか、不明確なままとなってしまい、後日、遺留分減殺の意思表示が相手方に到達したことの立証ができない可能性もあります。このような観点からも、調停を申し立てるとしても、別途、配達証明付き内容証明郵便によって、遺留分減殺の意思表示を行っておくことが必要となります。

II…遺留分侵害額の算定

Case

被相続人である父親Ｘが、総資産１億5000万円について、相続人である兄弟３人のうち、次男Ｂおよび三男Ｃに対して7500万円ずつ相続させる旨の遺言を遺して死亡しました。何ももらえなかった長男Ａから、納得がいかないということで相談を受けました。なお、長男Ａは、10年前に結婚した際に、5000万円相当の自宅不動産を父親Ｘから贈与されていました。

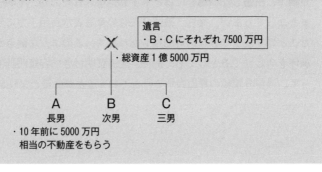

ノボル：３人兄弟のうち、長男にだけ何も相続させずに、他の２人に２分の１ずつ相続させるという内容の遺言が遺されていた事案の相談を受けたのですが、この場合、長男の遺留分侵害が問題になりますよね？

兄 弁：基本的にはそうだね。でも、なんで長男にだけ何も相続させないという内容の遺言にしたのだろうね。そのあたりの事情は聴いてみた？

ノボル：特に父親と長男の仲が悪かったということでもなく、長男は、５年前に結婚した際には、父親から自宅不動産を買ってもらったこともあるそうです。次男と三男は、まだ結婚していないそうです。

兄 弁：長男が買ってもらった不動産は、いくらくらいなの？

ノボル：5000万円くらいだったそうです。

兄　弁：そうすると、長男に特別受益があったということになるけれど、特別受益があった場合は遺留分算定の基礎に加算されるから、そのうえで遺留分を算定することになるよ。長男が遺留分権を有するのかどうか、有していたとしても金額に影響してくるから、改めて計算が必要になるのではないかな。

　　　　あと、父親には、債務はないの？　債務があれば、それを控除して遺留分算定の基礎となる金額を計算する必要があるよ。

ノボル：債務については、確認してもらっているところです。判明したら、先ほどの特別受益分も含めて、改めて算定してみます。

Check List

- □遺留分算定の基礎となる財産の算定［→ 1］
    - □相続開始時の被相続人の財産状況の確認
    - □対象となる生前贈与について検討したか
    - □不相当な対価によりなされた有償行為はないか
    - □特別受益部分について持戻し免除の意思表示があるか
    - □相続開始時に債務は存在するか
- □遺留分算定の基礎となる財産はどのように評価するか［→ 2］
    - □不動産の評価方法
    - □金銭の評価方法
    - □債権の評価方法
- □遺留分侵害額の算定［→ 3］

[解説]

1 遺留分算定の基礎となる財産の算定

(1)遺留分算定の基礎となる財産の算定方法　遺留分算定の基礎とされる財産は、次の算定式により算定される。

　【算定式】相続開始時の財産＋1年以内の贈与＋遺留分権利者を害することを知ってなされた贈与＋特別受益－債務

(2)相続開始時の被相続人の財産　遺言に相続財産が記載されていることも多いが、そうでない場合でも、相続財産としてどのような財産があるかを確認する必要がある。調査方法については、第1章Ⅰ〔7頁〕において詳述されているので参照されたい。

(3)相続開始前になされた贈与　相続開始前の1年間になされた贈与については、遺留分算定の基礎として算入される（民1030条前段）。

　また、相続開始の1年より前になされた贈与であっても、当事者双方が遺留分権利者に損害を加えることを知ってなされた贈与については、遺留分算定の基礎として算入される（民1030条後段）。「損害を加えることを知って」とは、遺留分を侵害することについての認識があれば足り、加害の意図があることや誰が遺留分権利者であるかを知っている必要はない。

　不相当な対価によりなされた有償行為については、当事者双方が遺留分権利者に損害を加えることを知って行われた場合には贈与とみなされ、遺留分権利者が減殺請求をした場合には、その対価を償還しなければならない（民1039条）。

(4)特別受益　相続人に対してなされた贈与が特別受益にあたる場合は、無条件に遺留分算定の基礎に算入される（民903条）。これは、特別受益にあたる場合には、いわば相続分の前渡しとしての意味があるといえ、相続人間での公平を保つためである。

　なお、特別受益について被相続人による持戻し免除の意思表示があったとしても、遺留分算定の場面においては、相続人間の公平を図る

ために持戻して算定するものとされている（最決平成 24・1・26 判時 2148 号 61 頁）。

(5) 相続開始時における被相続人の債務　相続開始時において被相続人の債務があれば、債務をすべて控除した残額が遺留分算定の基礎財産額となる。公租公課や罰金等もあれば、控除すべき債務となる。

2　遺留分算定の基礎となる財産の評価

　上記により算定された遺留分算定の基礎となる財産の評価については、すべて客観的な取引価格により評価するものとされ、また、評価の基準時は、相続開始時と解されている。

(1) 不動産の評価方法　不動産の評価額については、①固定資産税評価額、②路線価、③地価公示価格といった評価方法がある。①固定資産税評価額とは、固定資産税の基準とされる価格であるが、一般に時価よりも安く、地価公示価格の 7 割程度といわれている。②路線価とは、相続税・贈与税算出時の基準価格であるが、これも時価より安く、地価公示価格の 8 割程度といわれている。③地価公示価格は、国土交通省の土地鑑定委員会が一定の基準日に標準地の正常な価格を判定して公示するものとされている価格であり、時価に近い額といわれている。

　不動産の時価評価を行うに際しては、上記の各評価額について一定割合で（たとえば、固定資産税であれば、10 分の 7）割り戻した額を時価として合意することもある。また、不動産業者に時価の査定を依頼して時価評価を行う場合もあり、実務上は、各当事者がそれぞれ不動産業者に時価の査定を依頼し、各査定額を参考に時価評価額を合意するという方法がとられることが多い。

　合意により時価評価額を定めることができない場合には、裁判所が判断することになり、鑑定評価を行うよう促されることが一般的である。なお、不動産鑑定を行う場合は、少なくとも数十万円の鑑定費用がかかるといわれており、留意が必要である。

(2) 金銭の評価方法　　特別受益にあたる金銭の贈与がなされていた場合には、贈与時の金額を相続開始時の貨幣価値に換算した価額を算定して評価される（具体的には、物価指数に従って、相続開始時の貨幣価値に換算することになる。最判昭和51・3・18民集30巻2号111頁）。

(3) 債権の評価方法　　債権については、債権の額面額ではなく、担保の有無や債務者の資力による実質的価値を考慮した取引価格によって評価される。

3　遺留分侵害額の算定

(1) 遺留分侵害額の算定方法　　上記によって算定された基礎財産額に、各遺留分権利者の個別的遺留分の割合を乗じることにより、個別遺留分額が算定される。そして、算定された個別遺留分額から、遺留分権利者が相続によって取得した金額から相続債務負担額を控除した金額を控除し、遺言や特別受益として取得した金額がある場合にはそれも控除し、その金額が個別遺留分額に満たない場合は、その金額が遺留分侵害額として請求できる金額となる。

　特別受益として受けた金額が、個別遺留分額以上である場合は、遺留分侵害はないということになる。

　【算定式】遺留分額−（遺留分権利者が相続によって実際に取得した金額−相続債務負担額）−（特別受益額＋遺贈額）

(2) 遺留分減殺計算表（エクセルシート）の活用　　遺留分侵害額の算定において、実務上、東京弁護士会民事訴訟問題等特別委員会が作成して配布している遺留分減殺計算表（エクセルシート）が活用されている。なお、このエクセルシートは、東京弁護士会のホームページで、「遺留分減殺計算表」もしくは「遺留分計算シート」と入力して検索すると表示され、ダウンロードすることができる。

　このエクセルシートは、必要なデータを入力すると遺留分額が自動計算されるように設計されており、特に、対象となる財産が多い場合や、相続人が多い事案等においては、算定も煩雑になるため、算定の

補助として便利に使用でき、また、各当事者の主張の確認や認識の共通化を図ることにも役立っている。

【 *Answer* 】

　長男Aが生前に父親Xから贈与された自宅不動産の評価額が5000万円であり、相続債務はないと仮定すると、相続開始時の財産1億5000万円＋特別受益5000万円の2億円が遺留分算定の基礎とされる財産となり、長男Aの個別遺留分額は、その6分の1の3166万6666円となる。

　長男Aは5000万円の特別受益を受けていたため、長男Aの遺留分侵害はないということになる。

III…遺留分減殺の紛争解決手続

> **Case**
> 被相続人Ｘ（父親）の相続人は、長男Ａ、次男Ｂおよび長女Ｃの３名です。被相続人は、長男Ａに対してすべての遺産を相続させる旨の遺言を遺して、平成30年５月10日に死亡しました。遺言書によると、被相続人の相続財産としては、自宅の土地建物（5000万円）と、預貯金1000万円があります。次男Ｂおよび長女Ｃは、長男Ａに対して遺留分減殺請求通知を行いましたが、遺言執行者に指定されていた長男Ａは、すでに遺言書に基づいて、自宅の土地・建物と会社のビルについて所有権移転登記を行っていました。預貯金については、まだ払い戻しはなされていません。
>
>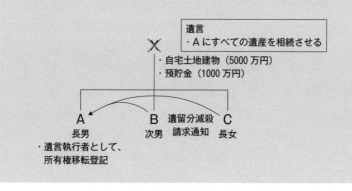

・・・

ノボル：父親が死亡し、３人兄弟が相続人で、長男に遺産のすべてを相続させるという遺言が遺されていたので、遺留分減殺請求の通知をしたのですが、長男は、すでに遺言書に基づいて、不動産の所有権移転登記をしているという事案について相談を受けました。

　　　　　話し合いでは解決できなさそうなので、裁判をやらざるを得ないと思っているのですが、遺留分減殺請求訴訟というのは、権利関係の確認を求める確認訴訟をすることになるのでしょうか。
兄　弁：すでに不動産の所有権移転登記がなされていると、権利関係の確認を求めても、その後に、登記の移転手続について、また別の裁判をしなければならなくなるよね。今回の事案では、確認判決を得ても事案の解決にならないのではないかな。
ノボル：そうすると、不動産については、登記手続請求や共有物分割請求の訴訟をやるということですか？　次男と長女は、不動産自体がほしいと思ってはおらず、お金で払ってもらいたいという希望なのですが。
兄　弁：受遺者である長男から価額弁償の申し出があれば、遺留分権利者である次男と長女は価額弁償請求をすることができるとされているよ。ただし、不動産が高額だと価額弁償も難しいかもしれないね。長男は個人的に資産をもっていたり、生命保険金を受け取っていたりはしていないの？
ノボル：それなりにはあるようですが、詳細はまだわかりません。
兄　弁：場合によっては、登記手続請求訴訟の中で、任意売却をして売却代金を分けるという和解をするということも検討できるかもしれないね。
ノボル：なるほど。ありがとうございます。裁判の準備を進めたいと思います。

Check List

□遺留分減殺の意思表示によってどのような効果が生じるか
　［→ **1**］
□遺留分減殺の意思表示後にどのような手続をとるべきか
　［→ **2**］
　　　□任意交渉の可能性はあるか
　　　□遺産分割や遺留分減殺の調停を申立てるか、訴訟を提起するか
□遺留分減殺請求に関する訴訟類型［→ **3**］

　　　　□確認請求訴訟を行うべき事案か
　　　　□移転登記請求を行うべき事案か
　　　　□共有物分割請求訴訟を行うべき事案か
　　　　　　□共有物分割において現物分割とするか、換価分割と
　　　　　　　するか、価格賠償とするか

[解説]

1　遺留分減殺の意思表示による効果

　遺留分減殺の意思表示を行うと、遺留分を侵害する範囲で、被相続人による処分行為の効力は当然に失われ、目的物が減殺者に帰属するものと解されている（形成権）。そして、遺留分権利者が減殺すべき目的物を特定することはできず、多くの場合、遺贈された財産について、遺留分権利者と遺留分侵害者との間で、共有関係が生じることになる。

　遺留分減殺の意思表示をした者に帰属する財産は、減殺者固有の財産であり、相続財産には復帰せず、遺産分割の対象とはならないものと解されている（最判平成8・1・26民集50巻1号132頁）。

2　遺留分減殺の意思表示後の手続

(1) 手続の検討　　上記のとおり、遺留分減殺の意思表示により共有関係が生じることとなるため、遺留分減殺の意思表示を行った後には、共有者間で財産の分割を行うことが必要となる。その場合の手続としては、①当事者間での任意交渉、②調停を申立てる、③訴訟を提起する、ということが考えられる。

(2) 任意交渉（①）　　当事者の間で、任意に話し合いを行うことにより解決を図ることができる場合もあり、調停の申立てや訴訟提起に先立ち、任意交渉の申入れをすることが一般的である。このような申

入れをすることにより、相手方も弁護士に相談する契機となることもある。当事者双方に弁護士が代理人として就いている場合等には、双方の主張を整理して話し合ったり、資料の提供もよりスムーズに行うことができると考えられることから、任意交渉による解決の可能性も高まると考えられる。

(3)調停の申立て（②）　任意交渉が難しいと考えられる場合でも、親族間での争いごとであるため、できるだけ円満に解決したいという意向があること等から、いきなり訴訟を行うのではなく、調停による話し合いを試みる場合もある（後述のコラム〔110頁〕も参照）。

　なお、遺留分減殺の意思表示により共有関係が生じた財産を分割するには、共有物分割訴訟等の手続によることになるが、割合的包括遺贈や相続分の指定がなされている遺言の場合は、減殺される財産は遺産に対する割合であるため、遺留分減殺請求がなされると、遺留分を侵害する限度で、包括遺贈の割合や相続分が修正されることとなり、修正された割合に従って遺産分割手続を行うことになると解されている。この場合は、後述の共有物分割訴訟ではなく、遺産分割調停を行うことが必要となる。

(4)訴訟の提起（③）　遺留分減殺の意思表示により共有関係が生じた財産を分割するために、任意交渉や調停による話し合いが難しい場合には、共有物分割訴訟等の手続を検討することになる。

　なお、この手続は、遺留分権利者と受遺者・受贈者との個別的な権利関係を対象として、相対的関係となるため、全相続人の必要的共同訴訟とはならない。

　具体的な訴訟類型は、3に挙げたとおりであるが、事案に応じてどの訴訟類型を選択するのが適切であるか検討が必要である。

3　遺留分減殺請求に関する訴訟類型

(1)訴訟類型　遺留分侵害に関する訴訟の類型としては、①遺留分減殺請求の効果として発生した権利関係について確認を求める共有持

分確認請求訴訟、②当該発生した権利に基づく共有持分移転登記手続請求訴訟や、払い戻された預貯金の相当額についての不当利得返還請求訴訟といった給付請求訴訟、③共有物分割請求訴訟、④目的物がすでに第三者に譲渡されていた場合の価額弁償請求訴訟（民1040条）などが考えられる。

　また、判例により、遺留分権利者から現物返還や価額弁償請求がなされていない場合でも、受遺者・受贈者から、弁償すべき価額の確定を求める訴訟を提起できるとされており（最判平成21・12・18民集63巻10号2900頁）、受遺者等の側からも、紛争解決に向けた訴訟を提起することができる。

(2) 類型の選択　遺留分減殺により目的物について共有関係が生じている状態について、この共有関係にあることを確認することによって実質的に紛争解決が見込めるのであれば、確認請求訴訟を行うことも1つの方法である。これに対し、権利関係の確認をしただけでは紛争解決にならず、さらに登記手続が必要である場合には、確認請求訴訟では足りず、給付請求を行い、給付判決を得ることが必要となる。

　もっとも、当事者の関係性などから、たとえば、いきなり登記手続請求訴訟を行ったのでは感情的対立が生じてしまうおそれがあり、話し合いによる解決を模索したい、といった観点から手続を選択することも考えうるため、事案により、当事者の状況等も勘案しながら適切な手続、類型を選択することが必要である。また、訴訟提起に際しては、判決とその後の執行を念頭に、請求の趣旨を念入りに検討する必要がある。

(3) 各類型の請求の趣旨の記載例　（a）目的物の権利関係に関する確認請求訴訟　たとえば、預貯金について、まだ払い戻しが行われていない状態であれば、確認判決が確定すれば、金融機関はこれに基づいて払い戻しに応じることが見込めるといった場合には、確認請求訴訟を行うことが考えられる。

　遺留分減殺請求の結果、原告に帰属した権利関係について確認を求

める場合の請求の趣旨は、次のようなものになる。

> 【記載例】
> 1　原告が別紙目録記載1の土地について、共有持分○○○分の○○を有することを確認する。
> 2　原告が別紙目録記載2の建物について、共有持分○○○分の○○を有することを確認する。
> 3　原告が別紙目録記載3の預貯金について、準共有持分○○○分の○○を有することを確認する。

　(b) **共有持分権移転登記手続請求訴訟**　遺留分減殺請求により原告に帰属する不動産の共有持分について、移転登記手続を求める場合の請求の趣旨は、次のようなものになる。

　なお、相続人間の関係が良好でない場合には、以後、不動産の共有関係が継続することは、不動産の管理等の面において必ずしも好ましいこととは考えられず、そのような場合には、後記の共有物分割を検討する必要がある。

> 【記載例】
> 　被告は原告に対し、別紙目録記載の土地の持分○○分の○○について、平成●年●月●日遺留分減殺を原因とする所有権一部移転登記手続をせよ。

　(c) **共有物分割請求訴訟**　遺留分減殺請求により目的物の遺留分相当部分が遺留分権利者に帰属することになるため、当然に分割単独債権となるものや数量的に分割可能なものを除いては、共有関係が生じることになる。そこで、これを解消するには、共有物分割が必要となる。

　共有物分割の類型としては、①目的物を物理的に分割して分ける現物分割、②目的物を競売して売却代金を分ける換価分割、③目的物を特定の共有者に帰属させ、その者から他の共有者に対して持分相当の対価を賠償させる価格賠償の方法が考えられる。

①現物分割請求　　遺留分減殺請求により原告に持分権が帰属した共有土地について、現物分割請求をする場合の請求の趣旨は、次のようなものになる。

> 【記載例】
> 別紙1物件目録記載の土地を別紙2測量図のとおり分割し、同図Aの土地を原告の、同図Bの土地を被告の所有とする。

もっとも、共有物分割については、当事者は、単に共有物の分割を求める旨を申し立てれば足り、分割の方法を具体的に指定する必要はなく、また、共有物の分割が不可能であるか現物の分割により著しく価格を損するおそれがあるときは、裁判所は当事者が申し立てた分割方法にかかわらず、競売に付して売却代金を分割することを命じることもできるとされている（最判昭和57・3・9判時1040号186頁）。このため、上記の記載例のような請求の趣旨は、当事者の希望として裁判所の判断の参考になるという意味を有するにとどまる。

②換価分割請求　　目的物を競売により売却して、その売却代金を分けることを求める場合の請求の趣旨は、次のようなものになる。

> 【記載例】
> 別紙物件目録記載の土地について、競売を命じ、その売得金から競売手続費用を控除した金額を原告に〇〇分の〇、被告に□□分の□の割合で分割する。

③価格賠償を求める場合　　ⓐ全面的価格賠償を求める場合　目的物を特定の共有者に帰属させ、その者から他の共有者に持分相当の価格を賠償させる方法である。当該共有物を特定の共有者に取得させるのが相当であること、共有者間の実質的公平を害さないことを要件として認められる（最判平成8・10・31民集50巻9号2563頁）。

全面的価格賠償を求める場合の請求の趣旨は、次のようなものになる。

【記載例】
1　別紙物件目録記載の土地を次のとおり分割する。
　(1)　別紙物件目録記載の土地を原告の所有とする。
　(2)　原告は、被告から次項の登記手続を受けるのと引き換えに、被告に対し金●●円を支払え。
　(3)　被告は、原告から前項の金員の支払を受けるのと引き換えに、原告に対し、別紙物件目録記載の土地の持分全部（○分の○）につき、共有物分割を原因とする持分全部移転登記手続をせよ。

ⓑ部分的価格賠償を求める場合　　現物分割と併用して、現物分割により生ずる過不足を価格賠償で調整する方法である。
　部分的価格賠償を求める場合の請求の趣旨は次のようなものになる。

【記載例】
1　別紙1物件目録記載の土地を、別紙2測量図のとおり分割し、同図Aの土地（以下「A土地」という。）を原告の、同図Bの土地（以下「B土地」という。）を被告の所有とする。
2　別紙1物件目録記載の土地をA土地とB土地に分筆した後、
　(1)　被告は原告に対し、原告から金●●円の支払いを受けるのと引き換えに、A土地の○分の○の持分について、共有物分割を原因とする持分移転登記手続をせよ。
　(2)　原告は被告に対し、被告からA土地の○分の○の持分について共有物分割を原因とする持分移転登記手続を受けるのと引き換えに、金●●円を支払え。
　(3)　原告は被告に対し、B土地の▲分の▲について、共有物分割を原因とする持分移転登記手続をせよ。

　(d)　価額弁償請求訴訟、受遺者・受贈者からの価額弁償額確定請求訴訟　　価額弁償に関する訴訟については、後記Ⅳ〔111頁〕の価額弁償に関する記述において詳述されているため、そちらを参照されたい。

【 *Answer* 】
　相続開始後、受遺者である長男Aに対してすでに不動産の所有権移転登

記手続がなされている場合、権利関係について確認を求めても、その後に、持分についての移転登記手続を求めてさらに訴訟が必要となるため、終局的な解決を図るには、確認判決ではなく、給付判決を得る必要がある。

他方、預貯金については、まだ払戻しがなされていないため、確定した確認判決により金融機関が遺留分割合相当額の払戻しに応じるという場合には、確認請求訴訟を提起することも考えられる。

◆コラム▶ 調停か、訴訟か

　遺留分をめぐる事件は、被相続人の相続に関する紛争であるため、「家庭に関する事件」（家事244条）にあたり、調停前置主義により、訴訟提起前に家事調停を行う必要があります（家事257条1項）。もっとも、調停を経ないで訴訟提起された場合については、裁判所は職権で家事調停に付すものとされているものの、裁判所が調停に付すことが相当でないと認めるときは、この限りでないとされています（同条2項）。

　相続に関しては、親族間での問題であるため、できるだけ穏便に解決を図ることが望ましいという観点から、まずは調停を行ってみるものの、実際には、相続人間の感情的な対立が激しいなどの理由から、調停において話し合いによる解決を図ることが難しい事案が多いのが実情といえます。このため、調停を申し立てたものの、実質的な話し合いに入ることもできないまま、1・2回で不成立となったり、取り下げて訴訟を行わざるを得ないことも少なくありません。

Ⅳ … 価額弁償

Case

被相続人である父親Xの相続財産は、自宅不動産（3000万円）と、預貯金300万円であるところ、Xは、相続人である長男Aおよび次男Bに対して、長男Aに自宅不動産および預貯金の2分の1、次男Bに預貯金の2分の1を相続させる旨の遺言を遺して亡くなりました。その後、次男Bが長男Aに対して遺留分減殺請求の意思表示をしました。

長男Aは、自宅不動産に家族とともに住みたいと思っており、この不動産は確保したいと思っているため、次男Bとは金銭解決を図りたいと考えていますが、次男との話し合いは進んでいません。

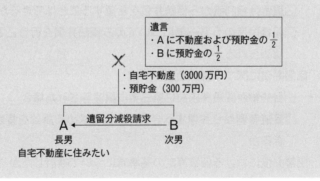

・・・

ノボル：被相続人である父親が、自宅不動産を長男に、預貯金を半分ずつ長男と次男に相続させる内容の遺言を遺していたという事案で、遺留分減殺請求をされた長男の側から、次男とは金銭解決を図りたいという相談を受けました。

兄　弁：次男には代理人は就いていないの？
ノボル：はい。代理人は就いていなくて、話し合いが進まないということで相談にいらっしゃいました。次男の側から遺留分減殺請求の裁判をやってもらうのが筋ではないかと思うのですが。
兄　弁：判例で、受遺者の側から、価額弁償の金額を確定する訴訟を提起することもできるとされているから、長男の側から裁判をやることを検討しても良いのではないかな。
ノボル：なるほど、そういう手続がとれれば、受遺者の側から積極的に解決に向けた動きをとることができますね。価額弁償の金額の確認を求める訴訟をすることを検討したいと思います。

Check List

- □価額弁償が行われるのはどのような場合か [→ **1**]
    - □受遺者・受贈者が目的物を第三者に譲渡していないか
    - □受遺者・受贈者が価額弁償を希望していないか
    - □遺留分権利者から価額弁償を希望することはできるか
    - □相続財産のうち一部についてのみ価額弁償を行うことは認められるか
- □価額弁償に関する訴訟類型 [→ **2**]
    - □目的物が減殺請求前に第三者に譲渡等された場合
    - □受遺者側から弁償すべき額の確定を求める訴訟を提起できるか
- □価額弁償における価額算定の基準時について検討したか [→ **3**]
- □遅延損害金の発生時期はいつか [→ **4**]
- □遺留分減殺請求の意思表示後に遺留分権利者に帰属した所有権等はどう変動するか

[解説]

1 価額弁償が行われる場合

（1）受遺者・受贈者が目的物を第三者に譲渡していた場合　受贈者が目的物を第三者に譲渡した場合には、遺留分権利者に対してその価額を弁償することを要する（民1040条1項）。これは、第三者との間で取引の安全を図るためである。もっとも、譲受人が譲渡の時において遺留分権利者に損害を加えることを知っていたときは、取引の安全が害されることはないため、遺留分権利者は、当該譲受人に対しても減殺を請求することができる（同項ただし書）。

この規定は、遺贈がなされた場合において、受遺者が目的物を第三者に譲渡した場合にも類推適用される（最判平成10・3・10民集52巻2号319頁）。

（2）受遺者・受贈者が価額弁償を選択した場合　受贈者・受遺者は、価額の弁償によって現物の返還義務を免れることができる（民1041条）。

遺留分減殺の意思表示がなされた場合、遺留分を侵害する範囲で、被相続人による処分行為の効力は当然に失われ、目的物が減殺者に帰属するものと解されているため、目的物が共有状態となる。遺留分制度においては、現物返還が原則とされているが、受遺者・受贈者に価額返還を選択することが認められている。受遺者・受贈者は、価額返還を選択することにより、相続した財産について、共有関係を解消することができ、共有物分割等により財産が細分化することを回避することができる。

なお、遺留分減殺の対象となる財産が複数ある場合に、その一部についてのみ価額弁償を行うことも認められる（最判平成12・7・11民集54巻6号1886頁）。

遺留分権利者には、価額弁償請求権は認められていない。

2 価額弁償に関する訴訟類型

(1) 目的物が減殺請求前に第三者に譲渡等された場合（民1040条）

受遺者が目的物を第三者に譲渡するなどした場合には、受遺者は遺留分権利者に対してその価額を弁償しなければならないものとされており、この場合、遺留分権利者は、価格弁償請求を行うことができる。

この場合の請求の趣旨は、次のようなものになる。

> 【記載例】
> 被告は原告に対し、金●●円及びこれに対する平成〇年〇月〇日から支払い済みまで年5分の割合による金員を支払え。

(2) 受遺者・受贈者が価額弁償の意思表示をした場合（民1041条）

受遺者・受贈者が価額弁償の意思表示をした場合には、遺留分権利者は、遺留分減殺に基づく現物返還請求をすることも、それに代わる価額弁償を請求する訴訟をすることもできる。

価額弁償を求める場合の請求の趣旨は、次のようなものになる。

> 【記載例】
> 被告は原告に対し、金●●円及びこれに対する平成〇年〇月〇日から支払い済みまで年5分の割合による金員を支払え。〔遅延損害金の起算日については、後記4〔116頁〕を参照〕

(3) 受遺者・受贈者からの価額弁償額確定請求訴訟

受遺者・受贈者が価額弁償の意思表示をしたものの、弁償すべき額に争いがある場合において、受遺者・受贈者が、判決によって弁償すべき額が確定されたときには速やかに支払う意思があることを表明して弁償すべき額の確定を求める訴えを提起した場合については、確認の利益があるとされている（最判平成21・12・18民集63巻10号2900頁）。

このような訴訟を提起する場合の請求の趣旨は、次のようなものに

なる。

> 【記載例】
> 　被告（遺留分権利者）が、被相続人の相続について原告（受遺者・受贈者）に対して遺留分減殺請求に係る目的物について、原告が民法1041条の規定により返還請求を免れるために支払うべき金額が〇〇円であることを確認する。

3　価額弁償されるべき価額算定の基準時

(1) 目的物が減殺請求前に第三者に譲渡された場合の価額弁償の基準時　目的物が減殺請求前に第三者に譲渡された場合に、遺留分権利者に対して支払われるべき価額（民1040条）については、受遺者等が第三者に対して譲渡した価額が、その当時において客観的に相当と認められるものであったときは、その譲渡額を基準として算定すべきものとされている（最判平成10・3・10民集52巻2号319頁）。

(2) 現物返還に代わる価額弁償の基準時　受遺者が遺留分権利者に対して、現物返還に代えて価額を弁償し現物返還を免れる場合の価額（民1041条）については現実に弁償がなされる時、訴訟の場合は事実審の口頭弁論終結時の目的物の価額を基準として算定すべきものとされている（最判昭和51・8・30民集30巻7号768頁）。

　なお、遺留分権利者により目的物返還請求訴訟が提起された場合において、受遺者が、裁判所が定めた価額による価額弁償を行う旨の意思表示をしたときは、裁判所は弁償すべき価額を定めたうえで、受遺者がその額を支払わなかったことを条件として、遺留分権利者の目的物返還請求を認容すべきものとされている（最判平成9・2・25民集51巻2号448頁）。

　この場合の主文例は、次のようなものになる。

> 【主文例】
> 　被告は、原告に対し、被告が原告に対して民法 1041 条所定の遺贈の目的の価額の弁償として○○円の支払をしないときは、別紙物件目録記載の土地の持分○○分の○○について、●年●月●日遺留分減殺を原因とする所有権移転登記手続をせよ。

4　価額弁償がなされる場合の遅延損害金の発生時期

　民法 1041 条 1 項に基づき、受遺者が価額弁償の意思表示を行い、これを受けた遺留分権利者が受遺者に対して価額弁償を請求する権利を行使する旨の意思表示をした場合は、その時点において、遺留分権利者は、遺留分減殺によって取得した目的物の所有権および所有権に基づく現物返還請求権をさかのぼって失い、これに代わる価額弁償請求権を確定的に取得する。これによる価額弁償請求に係る遅延損害金の起算日は、遺留分権利者が価額弁償請求権を確定的に取得し、かつ、受遺者に対し弁償金の支払いを請求した日の翌日となるものとされている（最判平成 20・1・24 民集 62 巻 1 号 63 頁）。

　なお、遺留分減殺の意思表示により、遺留分権利者は、対象物について所有権ないし共有持分権を取得するが、受遺者が弁償すべき価額について履行の提供をした場合には、いったん遺留分権利者に帰属した権利が再び受遺者に帰属し、他方で、遺留分権利者は受遺者に対して弁償すべき額の金銭の支払いを求める権利を取得する（前掲最判平成 9・2・25）。価額弁償がなされた場合の効果として、遺贈の効力が遡及的に復活するものと解されている（最判平成 4・11・16 判タ 803 号 61 頁）。

【 *Answer* 】

　相続財産の価額が合計 3300 万円（自宅不動産 3000 万円、預貯金 300 万円）であると仮定すると、次男 B の遺留分割合は 4 分の 1 であることから、825 万円であり、遺贈を受けた 150 万円との差額 675 万円が

遺留分侵害額となる。

　受遺者である長男Aとしては、自宅不動産を確保しようとする場合、価額弁償を選択し、上記侵害額を次男Bに対して支払うことを要する。

　上記の最判平成20・1・24によると、長男Aが次男Bに対して価額弁償の申し出を行い、次男Bがこれを受け入れ、長男Aに対して価額弁償の請求を行った場合、その時点において次男Bは価額弁償請求権を確定的に取得し、その翌日から長男Aが次男に支払うべき価額について遅延損害金が発生するということになる。

> ◀相続法改正▶ **遺留分制度の見直し**
>
> 　相続法の改正において、遺留分制度について、遺留分減殺請求権から生じる権利を金銭債権化する見直しが行われました。この場合に、金銭を直ちに準備できない受遺者・受贈者の利益を図るために、裁判所が金銭債務の全部または一部について相当の期限を許与することができるものとされています（改正民1047条5項）。
>
> 　現行の制度では、遺留分減殺請求により共有関係が生じ、これが事業承継の支障となっているという指摘があったことから、このような見直しが行われたものです。このような改正により、遺留分減殺請求権の行使による共有関係の発生を回避し、特定の目的物を受遺者等に遺したいという遺言者の意思も尊重されることとなります。
>
> 　また、特別受益の持戻しの範囲について、判例により期間の制限なく持戻しの対象とされていましたが、法改正により相続開始前の10年間になされたものに限られることとなります（改正民1044条3項）。

第 3 章

相続放棄・限定承認

I 熟慮期間
—— 相続放棄・単純承認・限定承認いずれを選択すべきか

> **Case**
> 相談者は、約2か月前に夫Xを亡くしたという50代の女性Aと、ひとりっ子で大学生の長女Bです。夫Xの四十九日を終えた後、貸主と名乗る個人Yから、夫に対し事業資金として約3000万円を貸し付けており、その支払について話し合いをしたいとの連絡を受けたとのことでした。
> 　夫が残した主な遺産は、自宅マンション（不動産仲介業者の簡易査定では約2500万円。抵当権等は設定されていない）であり、その他は預貯金が100万円程度あるだけです。相続を単純承認すると、約3000万円の負債を負うことになりかねない一方、相談者は、相続放棄をすることで自宅を手放すことを避けたいと考えていますが、熟慮期間の満了まで約1か月と迫っており、どうすればよいかわからず、相談に来たとのことです。

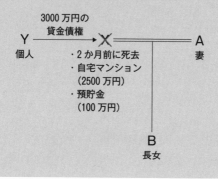

　　　　•••••

ノボル：先生、このケースは、とりあえず熟慮期間伸長の申立てを行うように、アドバイスすればいいですよね？

姉　弁：そうね。申立てを行えば、大抵のケースではさらに3か月、熟慮期間を延ばしてもらえるから、その間に積極財産と消極財産を整理して方針を検討しましょう。

ノボル：財産の整理にあたっては、税理士の先生に一覧表をつくってもらったほうがよいですか？

姉　弁：ノボルさんはまだ相続税について勉強していない？　相続税の申告義務があるのは遺産総額がいくら以上の人か知らない？

ノボル：申し訳ありません。

姉　弁：そうしたら、国税庁のホームページで調べてみて。

ノボル：はい。（自席に戻って調べた後、戻ってくる）先生、わかりました。相続税の申告が必要なのは、遺産総額が「3000万円＋600万円×相続人の人数」以上の方なので、本件はそれにあたらない可能性が高いと思います。

姉　弁：そのとおり。だから、財産の一覧表は、簡単なものでよいので、相談者の方につくってもらって、再度相談に来るようにお伝えしてみて。

ノボル：わかりました。仮に、被相続人の遺産が、今わかっている積極財産約2600万円、消極財産3000万円だけの場合には、どれを選択しようか迷いますよね？

姉　弁：そうね。負債が5000万円あれば、相続放棄を選択するのが無難だとは思うけどね。ところで、今回の債権者と減額交渉を行う余地はないかしら？

ノボル：債権者は個人の方なので、金融機関と異なり、元本の一部免除を求める交渉も、してみる余地はあると思います。

姉　弁：そうね。債権者が銀行等の金融機関の場合は、貸倒れの損金処理のため、債務者が法的整理をしないかぎり、原則として、元本を割る金額での交渉は難しいけれど、債権者が個人の方、特に個人事業主でない場合には、貸倒れの経理処理よりも、早期回収を優先して、交渉に応じてくれる場合もあるかもしれないね。

ノボル：ちなみに、金融機関でも、サービサーであれば、元本全額でなくとも、

減額交渉に応じてもらえる余地があると思います。この前の同期会で、そのような交渉に成功したと話していた弁護士もいました。

姉 弁：ところでノボルさん、相談者の方に、熟慮期間中に注意すべきことを言わなければならないのだけど、何かわかる？

ノボル：えー……（六法で相続放棄に関する条文を読みながら考える）
法定単純承認にあたるような行為をしないように、ということでしょうか？

姉 弁：その通り！ 被相続人の遺産を処分する等、相続放棄と矛盾する行動は厳に控えるよう助言することを忘れないようにね。

約 1 か月後、相談者から 2 回目の相談を受けている途中、いったん離席して、対応について協議を行う

ノボル：相談者の方は、自力で債権者と交渉する自信はないし、交渉を弁護士に依頼するお金もないとのことで、相続放棄を考えるとおっしゃっていましたが、やむを得ないでしょうか？

姉 弁：何だかもったいないわね。私たちに交渉を依頼してくれれば、支払金額を減らすこともできたかもしれないのに。

ノボル：でも、相談者の方は、たとえ減額に成功したとしても、数百万円を長期にわたって分割で支払うのは苦しいから、それなら家を手放す覚悟で相続放棄を行いたいとおっしゃっていて、意思は堅そうでしたよ。

姉 弁：それならば、ご相談者の意思を尊重したほうがよいかもしれないわね。ノボルさん、今回の奥さんと長女が相続放棄を行った後、債権者はどうすると思う？

ノボル：第 2 順位の相続人に請求を行うことになると思います。

姉 弁：おそらくそうでしょうね。なので、相談者の方には、義理の両親がご健在か、2 人とも亡くなられている場合は兄弟姉妹がいるかを確認し、相続放棄を行った後は、第 2 順位の相続人の方に情報提供してあげるようアドバイスしてあげてね。

ノボル：わかりました。そのほうが、義理の両親または兄弟姉妹にも親切ですよね。

> **Check List**
> ☐熟慮期間はいつまでか、伸長の申立てを行うか［→ **1**］
>   ☐伸長の申立てはどの程度の期間が認められるか
>   ☐再度の伸長の申立ては認められるか
>   ☐熟慮期間中に法定単純承認にあたる行動を行わないようアドバイスしているか［→ **5**］
> ☐相続財産の調査は行ったか［→ **2**］
> ☐単純承認、限定承認、相続放棄のいずれを選択すべきか［→ **3**］
> ☐（限定承認の場合）他の相続人との協議は行ったか［→ **3**］
> ☐選択にあたり、債権者の属性を考慮に入れたほうがよいケースか［→ **4**］
> ☐相続人が法定単純承認にあたる行動をしていないか［→ **5**］
>   ☐相続人が相続が開始したことを知りながら、または被相続人が死亡したことを確実に予想しながら行為をしていないか
>   ☐具体的に「処分」「隠匿」「私に消費」にあたる行為をしていないか
> ☐共同相続人や次順位の法定相続人に対する通知を行うべきか［→ **6**］

[解説]

1 熟慮期間

(1)熟慮期間とは　民法915条1項は、「相続人は、自己のために相続の開始があったことを知った時から3箇月以内に、相続について、単純若しくは限定の承認又は放棄をしなければならない」と定めている。

相続について、ひとたび後述の単純承認を行えば、その撤回を行うことはできず、相続人は積極財産・消極財産のすべてを承継することになる。そこで、民法は、相続人に対し、単純承認・限定承認・相続放棄のいずれを選択するかを判断する前提として、相続財産の有無や状況等について調査した上で、いずれを選択するのか熟慮することを可能とする期間を定めた。このような趣旨から、本条が定める期間は、一般的に、「熟慮期間」と呼ばれている。

(2)熟慮期間伸長の申立て　ただし、被相続人の親族は、精神的に疲弊した状況において、葬儀、役所関係の手続、入院費の精算等の死後事務や、四十九日の法要を行うため、熟慮期間内に結論を決められないことも少なくない。特に、被相続人の積極財産と消極財産の金額をあらかじめ把握していなかった場合や、把握していたとしても負債の金額が多い場合は、3か月以内に結論を出すことがさらに難しくなるようである。

この点、民法915条1項は「ただし、この期間は、利害関係人又は検察官の請求によって、家庭裁判所において伸長することができる」とも定めているので、熟慮期間伸長の申立てを行うことを助言するとよい。

家庭裁判所が本申立てを審理するにあたっては、「相続財産の構成の複雑性、所在地、相続人の海外や遠隔地所在などの状況のみならず、相続財産の積極、消極財産の存在、限定承認をするについて共同相続人全員の協議期間並びに財産目録の調製期間などを考慮して審理する

ことを要する」とされている(大阪高決昭和50・6・25家月28巻8号49頁)。

　伸長できる期間の長さや回数について、法律上、特に制限は設けられていない。なお、筆者の経験では、家庭裁判所は、特段の事情がないかぎり、3か月程度の伸長を認めているようである。また、被相続人が訴訟の当事者になっており、相続人がその訴訟の帰趨によって相続放棄をするか否かを決定する意向があるというケースにおいて、結果として9か月程度の伸長が認められたこともある。

　熟慮期間伸長の申立てにあたっては、被相続人の住民票除票または戸籍附票、伸長を求める相続人の戸籍謄本等を添付する必要があるため(詳細は、裁判所のホームページで確認することが可能である)、その取寄せに必要な期間を勘案して準備を進めるよう助言するとよい。

2　相続財産の調査

　相続人は、後記3で述べるいずれの手段を選択するかを検討するため、熟慮期間内に相続財産を十分に調査する必要がある。

　このうち、積極財産(預貯金、保険、不動産、車両、有価証券、債権等)については、預金通帳、保険証券、契約書、納税通知書、被相続人宛の郵便物、税務申告書類等により、おおむね把握することができる(第1章Ⅰ5〔8頁〕参照)。

　一方、消極財産(借入金等の支払債務)についても、基本的には、預金通帳、契約書、被相続人宛の郵便物等から把握することになるが、把握漏れのまま単純承認をすることにより、後からトラブルが生じることもある。そこで、より確実を期すためには、信用情報機関に対し、被相続人の個人信用情報の開示を求めることも一案である(ただし、個人信用情報では把握できない債務も存在するため、この方法も万全とはいえない)。

3　単純承認、限定承認、相続放棄の選択

(1)単純承認　単純承認とは、相続人が、被相続人の積極財産・消極財産のいずれも「無限に」承継する手続である（民920条）。消極財産の額が、積極財産の額を上回る場合、相続人は、（相続財産ではない）固有の財産により負債を弁済しなければならない。このため、被相続人が、資産の金額に比べ、多額の負債を抱えているケースでは、選択することに慎重とならざるを得ない場合が多いようである。

(2)限定承認　限定承認とは、相続人が、被相続人の積極財産・消極財産のいずれも承継するが、消極財産について、「相続によって得た財産の限度においてのみ」「弁済すべきことを留保」する手続である（民922条。本章Ⅳ〔148頁〕参照）。

　実務上、この手続が選択されることは多くないが、積極財産・消極財産のいずれが多いか微妙なケースや、消極財産のほうが多くても手放したくない積極財産があるケースで選択されることもある。

　なお、相続人が数人あるときは、限定承認は、共同相続人の全員が共同してのみ行うことができるとされている（民923条）。このため、限定承認を選択する可能性がある場合には、特に、他の相続人と協議しておくことが重要である。

(3)相続放棄　相続放棄とは、相続人が、被相続人の積極財産・消極財産のいずれも承継しない手続である。民法939条も、「その相続に関しては、初めから相続人とならなかったものとみなす」と定めている。

　積極財産の金額に比べ消極財産の金額が大きい場合や、共同相続人の1人に財産を継がせる場合に用いられる手続である（なお、後述〔137頁〕のとおり、この場合には、いわゆる「判子代」の交渉を行うことがある）。

4　債権者の属性を考慮に入れたほうがよいケース

　たとえ消極財産の額面上の金額が大きくても、債務者との交渉によ

り一部の減免を受ける余地がある場合には、直ちに相続放棄を選択するのではなく、限定承認を選択することも一考の余地がある。

　私見であるが、債権者が個人の場合や、法人の場合でも、いわゆるサービサーのような業者の場合は、一部減免の交渉を行う余地があるように思われる。その場合、限定承認を行っておけば、交渉の当初から、支払金額の上限を積極財産の金額に設定することができる。しかも、積極財産の中に、不動産や有価証券等の評価が変動するものが含まれている場合には、その評価額をより低く主張することに関して、弁護士の腕の見せ所となる。

5　法定単純承認

　相続人が相続放棄の申述をしたり、限定承認の申述後に弁護士が上記のような交渉を行ったりしても、相続人である依頼者が、相続財産の全部または一部の処分（民921条1号）や、相続財産の全部または一部の隠匿、私的な消費（同条3号）を行っていた場合には、単純承認をしたものとみなされてしまうため（法定単純承認）、この点に関する助言も忘れずに行う必要がある。

(1)「処分」(1号)　　本条の「処分」とは、相続財産の現状の性質を変える行為をいう。また、通説・判例は、その時期について、限定承認または相続放棄前になされたものに限定されるとしている（大判昭和5・4・26民集9巻427頁参照。限定承認または相続放棄後の行為については、本条3号の問題として検討することになる）。

　なお、主観的要件について、最判昭和42・4・27民集21巻3号741頁は、「この規定が適用されるためには、相続人が自己のために相続が開始した事実を知りながら相続財産を処分したか、または、少なくとも相続人が被相続人の死亡した事実を確実に予想しながらあえてその処分をしたことを要する」と判示している。

　①「処分」に該当する例
　・家屋の取壊し等の事実行為

- 相続財産中の売掛代金債権の一部を取り立てて収受領得すること（最判昭和37・6・21家月14巻10号100頁）
- 自己が受け取ってよい金であるとの認識で、相続財産に属する債権の取立を行うこと（東京地判平成15・8・28判例集未登載）
- 相続財産に関して訴訟提起を行うこと（東京高判平成元・3・27判時1311号69頁）。もし相続放棄を検討しているときに、相続財産に関して訴訟提起を行う必要があれば、利害関係人として相続財産管理人の選任を申し立て、相続財産管理人から訴訟提起をしてもらうべきである。
- 被相続人所有の不動産について、入居者の賃料振込口座の名義を、相続人名義の口座に変更すること（東京地判平成10・4・24判タ987号233頁）

② 「処分」に該当しない例
- 家屋のブロック塀の補修のような、財産の現状を維持するのに必要な保存行為
- 家屋に関して締結されていた使用貸借契約の解除等の管理行為
- 相続した債権に関して、債務者に対し「催告」（民153条）を行うこと
- 「既に交換価値を失う程度に着古したボロの上着とズボン各1種」を元使用人に与えること（東京高決昭和37・7・19東高民13巻7号117頁）
- 死亡保険金の受取人として、相続人のうち特定の者が指定されている場合において、その受取人が保険金を受領し、これを処分すること（保険金請求権が当該相続人の固有財産に属し、相続財産にあたらないと考えられるため）

（2）「隠匿」（3号）　　相続財産の「隠匿」とは、相続財産の全部または一部について、その所在を不明にする行為をいう。

この点、相続放棄の申述後の形見分けが、本条の「隠匿」に該当するか否かが問題となった事案において、東京地判平成12・3・21判

タ1054号255頁は、「相続人間で故人を偲ぶよすがとなる遺品を分配するいわゆる形見分けは含まれない」との一般論を示している（ただし、当該事案においては、相続人により持ち帰られた財産に新品同様の洋服や3着の毛皮が含まれており、洋服は相当な量で、一定の財産的価値を有していたうえ、遺品のほとんどすべてであるとして、形見分けを超えているとの判断がされている）。

(3)「私に消費」（3号）　相続財産を「私に消費」するとは、相続人が、ほしいままに相続財産を処分して原形の価値を失わせることをいう。

　この点、財産の保存のため、その他の事情により正当な理由がある場合には、「私に消費」にはあたらない。たとえば、虫害にかかった玄米を処分し、自己所有の玄米を振り替え、保管した場合は、「私に消費」に該当しないとされている（大判昭和17・10・23判決全集9輯36号2頁）。一方、被相続人が締結していた賃貸借契約が終了したことにともない、受領した400万円の敷金の存在を明らかにせず、存在することを示す客観的な証拠も提出しないことは、相続財産たる債権の添加物を「私に消費」した（そうでなくとも、その所在を不明にしたものとして「隠匿」した）といえると判断した事例がある（東京地判平成21・9・30判例集未登載）。

6　相続放棄の申述後に行ったほうがよいこと

　相続放棄の申述を行った者は、初めから相続人でなかったものとみなされるため、次順位の者が相続人となり、3か月以内に単純承認、限定承認、相続放棄のいずれかを選択しなければならなくなる。

　そのため、特に、相続放棄の申述を行った者と、共同相続人または次順位の相続人が疎遠な関係にある場合には、これらの者に対し、自身が相続放棄の申述を行った旨を、手紙等で（できれば相続放棄申述受理証明書のコピーを添付して）知らせるように助言するとよい。

7 その他──家庭裁判所による審理・不服申立て

相続放棄の申述受理申立てについて、家庭裁判所は、形式的要件の審査のほか、①相続人によること、②真意によること、③法定の期間内にされたこと、④法定単純承認事由のないこと、の実質的要件を欠くことが明白である場合に限り、却下できるものと解されている。

限定承認・相続放棄の申述が受理されなかった場合（申述却下の審判がなされた場合）、申述人は、即時抗告をすることができる（家事201条9項3号）。

【 *Answer* 】

本件では、熟慮期間の満了まで約1か月と迫っているので、できるだけ速やかに熟慮期間伸長の申立てを行うように助言するとよい（なお、相談者の個性によっては、この段階から代理人として関与したほうが、安心感を与えられる場合もある）。

そのうえで、単純承認、限定承認、相続放棄のいずれを選択するかが問題となる。単純承認を行った場合には、相続人が、積極財産の金額以上の負債を負うことになるため、経済的な面だけを捉えれば、単純承認は選択しがたい。一方、相続放棄の申述を行った場合には、負債を承継しなくて済む一方で、持家の権利をどのように確保するかという問題が生ずる（次順位の相続人あるいは相続財産管理人から買い取るか、賃借を受けるという選択肢もないわけではない）。

この点、本件の債権者は個人であるため、交渉の仕方によっては一定程度の減額を求める余地もある。特に、持家の評価額について、不動産仲介業者は約2500万円と査定しているようであるが、不動産に関する知見を駆使することにより、実際の時価がより低いことを疎明できるのであれば、交渉にあたって大きな武器となる。したがって、相談者が自宅を手放すことに強い抵抗がある場合には、限定承認を勧めてみるのも一考の余地がある。

なお、結果として相談者が相続放棄の申述を行った場合には、次順位の者に対し、その旨を知らせるように助言するとよい。

◀コラム▶ 相続放棄の申述受理の効果

　家庭裁判所の相続放棄の申述受理は、相続放棄の申述のあったことを公証する行為であり、裁判ではないとされています（大阪高決昭和27・6・28家月5巻4号105頁）。すなわち、相続放棄の申述が受理されたとしても、相続放棄の実体的な要件を備えていることが確定するわけではなく、相続人による相続放棄の意思表示があったことが、公に証明されるにすぎないのです。

　この点について、東京高決平成22・8・10家月63巻4号129頁は、「相続放棄の申述がされた場合、相続放棄の要件の有無につき入念な審理をすることは予定されておらず、受理がされても相続放棄が実体要件を備えていることが確定するものではないのに対し、却下されると相続放棄が民法938条の要件を欠き、相続放棄したことを主張できなくなることにかんがみれば、家庭裁判所は、却下すべきことが明らかな場合以外は、相続放棄の申述を受理すべきであると解される」と判示しています。この判示は、筆者が知るところの家庭裁判所の運用（申立書およびその添付書類を審査し、相続放棄の申述者または代理人弁護士に対し、電話またはファクシミリで、「法定単純承認にあたる事由はありませんか？」と照会したうえで、比較的短期間で申述受理の通知を行うとの運用）とも合致しています。

　裏を返せば、債務者の相続人が相続放棄の申述を行っている一方で、法定単純承認にあたる行為を行っていることが判明したような場合、債権者としては、別途、民事訴訟において、相続放棄の申述の効力を争う余地があるということです。この点について、大阪高決平成14・7・3家月55巻1号82頁は、「相続放棄の申述の受理は、家庭裁判所が後見的立場から行う公証的性質を有する準裁判的行為であって、申述を受理したとしても、相続放棄が有効であることを確定するものではない。相続放棄等の効力は、後に訴訟において当事者の主張を尽くし証拠調べによって決せられるのが相当であ

る」との判断を示しています。
　弁護士としては、依頼者による相続放棄の申述が受理されたからといって、直ちに安心するのではなく、その後も法定単純承認にあたる行為をしないように、引き続き注視する必要があります。

II… 共同相続人に対し相続放棄を求めるケース

Case

被相続人Xから家業（個人事業）を引き継いだ長男Aから、以下のケースにつき、どのように対応すべきか相談を受けました。

相続人は長男A、次男B、三男C、長女Dの4名ですが、A以外の3名は実家から離れたところで暮らしており、被相続人とは長期間にわたり音信不通でした。遺産総額は5000万円ですが、うち4500万円が居住用の不動産で、Xが借金を完済して間がないため、預貯金は500万円しかありませんでした。嫁いだDが「いつでも判を押す」と述べている一方で、実家から資金援助を受けずに独立したB、Cは、「納得できない限り判は押せない」と述べています。

Aとしては、実家で家業を続けることを望んでいるため、不動産を売却し、B、Cに現金を分けることは考えていません。また、被相続人Xの遺言はないものの、Xは、生前、Aに対し、自宅を担保に借金することのないように繰り返し言い聞かせてきたため、Aとしては、代償金支払のために自宅を抵当に入れることも考えていません。なお、Aは、実家の手伝いを時々行っていたにすぎないため、目立った預貯金を有していません。

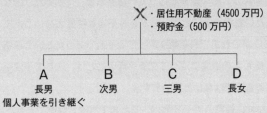

姉 弁：ノボルさん、長男のAからどうしたらよいですかという相談を受けているのですが、どういう方策が考えられますか？

ノボル：前提として、長男A：次男B：三男C：長女Dの法定相続分は、4分の1ずつとなります。長男Aとしては、長女Dから相続分の譲渡を受け、相続割合を2：1：1としたうえで、寄与分を主張することが考えられます。

姉 弁：寄与分については、「特別の寄与」がなければ認められないことになっていますが、本件の長男Aに「特別の寄与」は認められますか？

ノボル：実家の手伝いを時々行っていたにすぎないということですし、被相続人の療養看護についても特にうかがっていないので、難しいように思います。そうすると、遺産のうち、半分の2500万円は、次男B、三男Cに取得する権利があるとして、うち500万円は預貯金で支払い、残りの2000万円分をどのように工面するか考えなければならないということでしょうか。

姉 弁：ノボルさん、司法試験受験生であれば、そこまで考えられれば十分だけど、私たちは弁護士だから、もし長男Aからご依頼を受けた場合、その利益を最大化するためにはどうしたらよいか、もっと知恵を絞らないと。

ノボル：先生、おっしゃっていることは理解できるのですが、長男Aに、法定相続分以上の財産の相続をさせるよう交渉を行うことは、どうも不公平な感じが拭えません。

姉 弁：ノボルさん、長男Aの立場になって考えてみて。たしかに、長男Aに「特別の寄与」が認められる可能性は高くないとしても、家業を継ぐべき長男Aが、その家業を行っていた実家を、できるだけ少ない負担で相続したいと考えることは、必ずしも不当とは言えないうえに、次男B、三男Cがこれまで長期間実家と音信不通であったという事情も勘案すると、長男Aの意向に沿って交渉を行うことは、決して不公平な解決に加担するものではないと思いますよ。

ノボル：たしかに、長男Aからすれば、これまで実家と疎遠であった次男Bと三

男Cが、遺産相続の段階になって、画一的に法定相続分の主張をすること自体、納得がいかないのかもしれませんね。わかりました。
ノボル：ところで、長男Aが相続の開始を知ったのは、いつでしょうか。
姉 弁：約2か月前だって。
ノボル：それであれば、次男B、三男Cに、相続放棄をしてもらうよう交渉しますか？ しかし、2人とも「納得できないかぎり判は押さない」と言い張っているようですし、何だか難航しそうな感じがします。
姉 弁：たしかに、こういう事案では、心情的な対立から、解決まで長期間を要することもあるけれど、そういう場面こそ、弁護士としての腕の見せ所よ。
ノボル：先生、腕といっても、具体的にどうすればよいのでしょうか。
姉 弁：まずは、次男B、三男Cと直接お会いして、本音を聞く必要がありそうね。ただし、お二人は、長男Aが実家の援助を受けて生活してきたにもかかわらず、さらに遺産を多く取得したいと言ってきているところに不満がありそうだから、その不満をどのように解消すればよいか、あらかじめ考えておいたほうがよいかもしれないね。
ノボル：はい。たとえば、長男Aが家業を継ぐことは、数字に表れない負担をともなうことを、具体的に説明できるようにしましょうか。
姉 弁：そうね。あとは、最終的には、お金での解決になることが多いから、長男Aに、いわゆる「判子代」として、いくらまでなら出せるか確認しておいて、それを前提に交渉を行うことも考えなければね。
ノボル：わかりました。ただ、次男B、三男Cからすれば、あまりに少ない判子代の提示を受けると、かえって逆上して、紛争が長期化しないか心配なのですが。
姉 弁：そこはノボルさんの言うとおりね。その点は、長男Aに、相続放棄の交渉を行う場合のリスクとしてきちんと説明を行い、了解を得たうえで進める必要があるね。

> **Check List**
> □相続人、遺産の全体像（範囲、評価）の把握［→ **1**］
> □共同相続人の特別受益、相談者の寄与分等の主張の可否の検討［→ **2**］
> □あくまで交渉であることの説明を相談者にできているか［→ **3**］
> □共同相続人が「相続の開始を知った時」から3か月を経過していないか［→ **3**］
> □熟慮期間伸長の申立ては可能か［→ **3**］
> □「事実上の相続放棄」によることは可能か［→ **3**］
> □具体的にどのように交渉を進めるべきか［→ **3**］
> 　　□受任通知書の送付はいつどのようにすべきか
> 　　□面談に依頼者を同席させるのが好ましいケースか
> 　　□法的な主張が難しい場合で、相続放棄に任意に応じてもらえない場合、金銭的な交渉は可能か
> □交渉が整った場合に、相続放棄の手続を長男の代理人の弁護士がすることは可能か［→ **4**］

［解説］

1 相続人、遺産の全体像（範囲、評価）の把握

　最も基本的な事項として、相続人、遺産の全体像（範囲、評価）の把握が挙げられる。この点がおおむね確定していなければ、法定相続分どおりの遺産分割を行った場合の帰結がわからず、交渉の見通しを立てられないためである。

　相続人については、相談者からヒアリングを行うとともに、代理人として交渉を受任する場合には、被相続人の出生から死亡までの戸籍

を入手することにより、可能なかぎり正確に把握する必要がある。

遺産の範囲、評価については、たとえば、不動産であれば登記簿謄本、固定資産評価証明書、路線価図等により、預貯金であれば通帳の写しや残高証明書等により確認することになる（第1章Ⅰ5〔7頁〕参照）。

2　共同相続人の特別受益、相談者の寄与分等の主張の可否

被相続人の消極財産の額が積極財産の額を上回っていないにもかかわらず（すなわち、法定相続分どおりに遺産分割を行えばプラスの財産を得られる蓋然性が高いにもかかわらず）、共同相続人に対し相続放棄を求める交渉を行うにあたっては、相談者である長男Ａが、事実上、すべての財産を承継することの正当性を説明できることが望ましい。

この点について、共同相続人が被相続人から「生計の資本」としてまとまった金額の贈与を受けていたり、相談者が家業への従事や被相続人の身上監護において「特別の寄与」をしたりする場合には、相談者が法定相続分より多い割合の相続分を主張することを説明できる余地がある（なお、特別受益、寄与分についての詳しい解説は、第1章Ⅵ〔56頁〕・Ⅶ〔69頁〕参照）。

3　相続放棄の交渉

(1) 枠組み　共同相続人に対し相続放棄を求める交渉を行う場合の枠組みとしては、以下の2つの方法が考えられる。

1つは、共同相続人が家庭裁判所において相続放棄の申述を行ったことを確認した後に（「相続放棄申述受理証明書」という書類がある）、共同相続人に対し、判子代としていくらかの金員を支払うという方法である。ただし、この方法は、原則として、相続の開始を知ったときから3か月以内（熟慮期間の伸長が認められた場合には、伸長後の期間内）に実行する必要がある。また、判子代を交付する枠組みや金額によっては、贈与税の問題が生じるおそれもあるため、場合によっては、税理士に確認をとりながら事件処理を進めることが無難と思われる。

もう1つは、遺産分割協議書の中で、長男Aがすべての財産を承継すること、長男Aが次男B・三男Cに対し代償金としていくらかの金員を支払うことを定める方法である（この方法を「事実上の相続放棄」という）。事実上の相続放棄は、家庭裁判所で行う相続放棄の申述と異なり、法律上の期間制限はない。

（2）依頼を受けるにあたり、あらかじめ説明しておくべき内容　相談者である長男Aから依頼を受けるにあたっては、まず、上記2の検討の結果、共同相続人である次男B・三男Cから法定相続分の取得を主張された場合には、難しい交渉とならざるを得ないということを、明確に説明すべきである。特に、相談者が年配の方である場合には、長男である自分がすべてを承継するのが当然と考えていることもめずらしくないため、法律に基づいた説明を行う必要がある。

　また、話し合いでの解決が難しい場合には、遺産分割調停を申し立てざるを得ないが、あらゆる状況を想定し、まとまった代償金を支払うための資金繰りについても、早めに検討するよう説明する必要がある（なお、説明の仕方によっては、長男Aから、「先生はどちらの味方なのですか」と反感をもたれる場合もある。その場合は、長男Aにとっての真の利益は何なのか、すなわち、目先の代償金を少なくすることなのか、家業を継ぐため実家の権利関係を安定させることなのかといった観点から、粘り強く説明し、信頼関係を築く必要があろう）。

（3）相手方との交渉　相手方との交渉を行うにあたり留意すべき点について、おおむね時系列で整理すると、以下のとおりとなる。

　（a）いきなり弁護士から通知書を送るか　相手方によっては、親族間の問題に弁護士を関与させること自体に反発する場合もあるため、依頼者からヒアリングをしてその性格を見極め、場合によっては、依頼者から相手方に対し、弁護士を通じて話し合いをさせていただく旨の一報を入れてもらうことにより、「仁義を切る」ことを検討する。

　特に、被相続人が死亡直前まで家業を営んでいたのであれば、所得税の準確定申告手続も行わなければならず、その手続を円滑に進める

といった観点からの考慮も必要となる。

　(b) 受任通知書に何を記載するか　　考え方にもよるが、多くの場合、「家業を継ぐ長男Aがすべての財産を承継することを了承いただきたい」と記載しても、相手方の感情的な反発を招くことになるのではないかと考えられる。

　本件における受任通知書の目的について、①長男Aに代理人が就いたことを知らせること、②相手方に話し合いのテーブルについてもらうことの2点であることを意識して、簡潔な内容にとどめるほうが望ましいと考えられる。

　(c) 面談に依頼者を同席させるか　　親族間の問題であることを勘案し、依頼者に同席してもらったほうが、円滑な話し合いができる場合がある一方で、相続人間の心情的な対立が大きいため、あえて本人同士が顔を合わせないほうがよい場合もある。相手方の性格や、依頼者の意向をふまえて検討する必要がある。

　(d) 初回の面談のポイントは何か　　依頼者の代理人として、依頼者の言い分を法律的に構成して相手方に伝えることも大事であるが、本件の交渉のゴールは、「相手方に相続放棄の申述をしてもらうこと」である。そこで、まずは、相手方の言い分をよく聞くことに傾注すべきである（話をよく聞くことで、相手方の説得材料を拾うことができる場合もある。なお、ここでいう「説得材料」とは、法律的なものに限らず、相手方がどういう契機で心を動かされるかという心情的なものも含んでいる）。

　特に、感情的な対立が見受けられるケースでは、話をよく聞くことで、相手方の説得材料を拾うことができる場合もある。

　(e) 特別受益や寄与分の主張により相手方の具体的相続分をゼロに近づけることが難しい場合はどうするか　　この場合の対応方法としては、以下の2つが考えられる。

　1つは、客観的に寄与分が認められる可能性が高くないとしても、依頼者にはその点について強いこだわりがあるため、依頼者の言い分の半分程度でも考慮してもらいたいと求めることである。寄与分につ

いて、「ゼロか100か」という画一的な解決ではなく、柔軟な解決を図ることも、一考の余地があるのではないかと思われる。もっとも、相手方が「寄与分など、もってのほか」と反発することもめずらしくない。

そこで考えられるのが、もう1つの方法である「時間軸」の利用である。たとえば、「言い分の隔たりが大きいため、調停手続により第三者を入れて解決せざるを得ないようにも思われるが、時間が掛かることは否めない。一方で、もし被相続人の現金をすべてお渡しする（次男B・三男Cに各250万円を支払う）という内容で合意いただけるのであれば、おおむね1か月程度で手続を完了させることも可能である」といった提案をすることが考えられる。ただし、このような方法が効果的か、かえって逆効果となるかは、相手方の心情や懐事情によって異なるので、その見極めのためにも、初回面談時に、相手方の言い分をよく聞くことが大切である。

4　相手方との協議が整った場合の手続

長男Aの代理人である弁護士が、相手方である次男B・三男Cを代理して相続放棄の申述を行うことが利益相反とならないか、一応問題となるが、文献や裁判例が見当たらないため、両論ありうるところである。

そこで、次男B・三男Cの相続放棄について、「代理人」として申述書に判を押して提出するのではなく、「使者」として提出を代行するにとどめる（申述書への署名・押印は、次男B・三男C自身に行ってもらう）というのも一案である。

【 *Answer* 】

相手方に対し相続放棄を求める交渉といえども、まずは、遺産分割事件と同様、遺産の範囲・評価、特別受益、寄与分等について検討しておく必要がある。

そのうえで、法定相続分どおりであるとすれば、より多くの財産を得られる可能性が高い共同相続人に対し、より少ない金額の判子代での相続放棄や、より少ない代償金での「事実上の相続放棄」をお願いするためには、法律以外の心情面や、一家として家業の継続を支援してもらうという点も考慮に入れる必要がある。そのためには、依頼者に対し、法律上の裏付けが不十分で難易度の高い交渉となることを説明するとともに、相手方の言い分をよく聞き、任意で判を押してもらえるような関係を構築することが望ましい。

第3章 ● 相続放棄・限定承認

III…相続財産管理人

> **Case**
> 　相談者は、離島に住む弟X（被相続人）を1か月前に亡くした女性Aです。
> 　Xは生涯独身であったため、妻も子もいません。また、両親は先に他界しているため、法定相続人は、都内に居住する姉A、妹Bの2名です。
> 　主な遺産は、離島にある自宅の土地・建物（固定資産評価額合計250万円程度）と、100万円程度の預貯金です。
> 　相談者Aとしては、離島にある土地・建物の管理コスト、公租公課の負担を負い続けるくらいであれば、預貯金も含めて相続したくないとの意向であり、妹Bも同じ意向です。ただし、万が一、空き家となった建物から出火する等して、近隣に迷惑を掛けることは避けたいと考えています（なお、相談者Aは、土地・建物について、離島のある自治体に寄付を申し出たものの、受け取ってもらえませんでした）。
>
>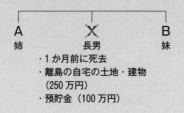
>
> A　　　X　　　B
> 姉　　長男　　妹
> ・1か月前に死去
> ・離島の自宅の土地・建物
> 　（250万円）
> ・預貯金（100万円）

姉 弁：ノボルさん、このケースで、相談者Aの意向を叶えるとすれば、どういう方法が考えられる？

ノボル：1つは、妹Bと共同で相続して、費用を折半して建物を解体することが

考えられると思います。

姉　弁：その場合でも、解体費用によっては持出しが発生してしまうかもしれないし、土地の買い手がつくまでは固定資産税も払い続けなければならなくなるでしょう。他に方法はないかしら？

ノボル：妹Bと2人で相続放棄してしまえばよいと思います。民法939条には、「相続の放棄をした者は、その相続に関しては、初めから相続人とならなかったものとみなす」とありますので、万が一、近隣に迷惑を掛けるような事態になったとしても、「初めから相続人ではありませんでしたので、関知いたしません」と開き直るのはどうでしょうか。道義的には好ましい方法ではありませんが。

姉　弁：ノボルさん、条文をよく読んで。その次の条文には何て書いてある？

ノボル：940条1項に「相続の放棄をした者は、その放棄によって相続人となった者が相続財産の管理を始めることができるまで、自己の財産におけるのと同一の注意をもって、その財産の管理を継続しなければならない」とあります。そうすると、相続放棄をしたからといって、相談者Aと妹Bは、直ちに責任を免れることはできないですね。

姉　弁：「条文を読むときは、1つの条文だけでなく、その前後の条文にも目を通す」というのは、受験時代に言われていたと思うけど、実務でも大事なことだから、忘れないでね。それはさておき、相談者Aも、妹Bも、被相続人Xの兄弟姉妹ということは、この2人が相続放棄をした場合、被相続人Xの財産については、誰がどのように管理することになる？

ノボル：えーと……（民法の条文をめくる）先ほどの940条の後をみると、財産分離は関係ないとして、「第6章　相続人の不存在」という章があり、952条に相続財産管理人の選任という規定がありますので、この選任申立てを行い、あとは管理人に管理を引き継いでもらうということでいかがでしょうか。

姉　弁：そうね。ただし、予納金が必要になるから、相談者Aに提案する前に、管轄地の裁判所に電話をかけて、事案の概要を説明したうえで、予納金の目安を問い合わせておくようにしてくださいね。

Ⅲ　相続財産管理人

> **Check List**
> □所有権の放棄手続は可能か〔→ **1**〕
> □相続財産管理人の選任申立について、相続人が全員相続放棄の申述を行い、相続人が不存在の状態となったか〔→ **2**〕
> □予納金の目安について、家庭裁判所に問合せを行ったか〔→ **2**〕
> □相続財産管理人の管理について、具体的な手続の流れと期間を説明したか〔→ **3**〕
> □相続財産管理人が選任された後にかかる費用について想定できるものを、事前に依頼者に説明したか〔→ **4**〕

［ 解 説 ］

1 相続放棄手続および相続財産管理人の選任

本件の相談者Aが懸念しているのは、被相続人Xの死亡により空き家となった建物をどうするかという点にあるようである。

この点については、①相続を単純承認し、土地・建物をまとめて自治体に寄付するか、建物を解体したうえで土地のみを自治体に寄付する、②相続人全員が相続放棄の申述を行い、相続人の不存在を理由に相続財産管理人の選任を申し立て、その後の対応を相続財産管理人に任せる、といった方法が考えられる。

このうち、①については、そもそも自治体が寄付を受けるかどうか未知数であり、寄付を受けてもらえなかった場合には、相続人に公租公課の負担が発生し続けるという問題がある。

2 相続財産管理人の選任申立て

(1) 概要　　相続人の存在、不存在が明らかでないとき（相続人全員

が相続放棄をして、結果として相続する者がいなくなった場合も含まれる）には、家庭裁判所は、利害関係人または検察官の請求により、相続財産の管理人を選任する（民951条・952条）。

相続財産管理人は、主として、被相続人の債権者等に対して被相続人の債務を支払う等して清算を行い、清算後に残った財産を国庫に帰属させる業務を行う。この手続において、特別縁故者に対する相続財産分与がなされる場合もある（民958条の3）。

申立てにあたり必要となる書類は、戸籍や財産関係を示す資料であるが、具体的には、裁判所のホームページで確認してほしい。また、予納金の額については、管轄裁判所の書記官に対し、資産・負債の内容・総額を伝えたうえで、大まかな目安を電話で確認しておくとよい。

（2）本件における相続財産管理人の必要性　　前提として、相続人が相続放棄を申述したからといって、直ちに財産の管理義務を免れるわけではない。民法940条1項が「相続の放棄をした者は、その放棄によって相続人となった者が相続財産の管理を始めることができるまで、自己の財産におけるのと同一の注意をもって、その財産の管理を継続しなければならない」と定めているためである。

そこで裁判所に対し、相続財産管理人の選任を申し立て、裁判所から選任された相続財産管理人に対し、その管理を引き継ぐ必要がある。

3　相続財産管理人選任後の手続の流れ

家庭裁判所が申立てを相当と認め、相続財産管理人選任の審判がなされた後の手続の流れは、以下のとおりである。

①相続財産管理人の選任を公告（民952条2項）
②（2か月経過後）相続財産管理人による相続債権者・受遺者に対する請求申出の公告・催告（957条1項）
③相続債権者・受遺者への弁済（957条2項）。相続財産がなくなれば、管理は終了する。
④（なお相続人のあることが明らかでないとき）相続人催告の公告

（958条）
⑤（④から6か月以上経過後）相続人不存在の確定
⑥（⑤から3か月以内に）特別縁故者に対する相続財産分与の申立て（958条の3）
⑦特別縁故者に対する分与の審判または却下審判
⑧（相続人の不存在が確定し、特別縁故者の財産分与の申立てがない、または分与しないことが決定した場合）残余財産を国庫に引継ぎ（959条）。この前に、相続財産管理人に対する報酬付与の申立てがなされることが通常である。
⑨管理終了。申立人代理人となった場合、相続財産管理人に対し円滑に財産の管理を引き継ぐとともに、申立人の要望事項を伝える等、緊密に連携を取って進める必要がある。

4　相続財産管理人が選任された後の注意点

　本件における相続財産管理人も、相談者と同様、空き家となった建物をどうするかについて、問題意識をもつものと思われる。
　この点について、相続財産管理人が、家庭裁判所の許可を得て建物を解体することが考えられるが（民953条・28条）、解体費用をどのように捻出するかが問題となる。
　本件建物の解体費用がどれくらいかかるか不明であるが、一般的な家屋であることを前提とすれば、被相続人の預貯金100万円だけでは足りない可能性が高い。この場合、相続財産管理人から、姉Aと妹Bに対し、一定金額の負担を求められる可能性があることを想定しておく必要がある。

【 *Answer* 】

　本件では、被相続人Xの姉Aおよび妹Bが、空き家となった被相続人Xの自宅について、失火等による責任を負わないためどうしたらよいかという観点から検討を行ったが、相続財産管理人の選任が必須というわけで

もない。たとえば、建物の解体について法定相続人の間でコンセンサスを得ることができ、かつ、土地に関する公租公課の金額が大きくない場合には、上記1①〔144頁〕の方法によることも可能である（あるいは、相続財産管理人の選任に関する予納金の額と、土地に関する公租公課の金額を天秤にかけて判断するということも、一考の余地があるものと思われる）。
一方で、建物の解体について法定相続人間のコンセンサスが得られない場合には、全員で相続放棄の申述を行い、早期に相続財産管理人に管理を引き継ぐことを検討するとよい。ただし、その場合であっても、解体費用を負担せざるを得ない場合があることに注意すべきである。

◀ コラム ▶ 相続財産管理人が必要となるその他の場面

　本件のように、相続財産を具体的に管理する者が必要となる場面のほかに、以下のような場面で、相続財産管理人が必要となることがあります。
①債権者が相続人なくして死亡した債務者に対し請求を行う場合（債務者の相続人全員が相続放棄の申述を行った場合も同様です）。なお、筆者の経験では、債務者が訴訟係属中に死亡し、債務者敗訴の判決が確定した後、債務者の相続人が全員相続放棄の申述を行ったケースにおいて、債権者が債務者名義の不動産の存在を把握しているものの、相続放棄を行った債務者の親族との心情的な対立を避けるため、不動産の差押えではなく、あえて相続財産管理人の選任申立てを選択したこともあります。
②特別縁故者（たとえば、被相続人の内縁の妻、被相続人を献身的に介護していた者）に対する相続財産の分与を求めたい場合（民958条の3）
③相続人が熟慮期間中、相続放棄をしようか検討しているときに、相続財産について訴訟提起の必要が生じた場合（相続人が訴訟提起を行うことは、法定単純承認について定める民法921条1号の「処分」にあたるとされているため）

第3章 ● 相続放棄・限定承認

IV 限定承認
──遺産分割協議の錯誤無効・金融機関との交渉

Case

　被相続人Xの妻Aから相談を受けたという、ノボル弁護士から姉弁に対する相談です。相続人は妻A、長男B、長女Cの3名であり、長男B、長女Cはいずれも大学生（成人）です。被相続人Xは約半年前に死亡し、遺産総額は2500万円（自宅土地建物の共有持分3分の2が2000万円（残りの3分の1は義父名義）、預貯金が500万円）です。約2か月前、自宅土地建物の共有持分3分の2については、被相続人Xの妻Aが単独で相続する旨の登記を行いました。

　ところが、被相続人Xは、生前、友人が金融機関から事業資金を借り入れるにあたり、連帯保証人となっていたことが、金融機関からの通知で発覚しました。その通知によると、残債務の額は、元本・遅延損害金をあわせて5000万円に上るとのことです。また、主債務者は、長期間にわたって音信不通とのことです。

　被相続人の妻としては、まだ学生の長男、長女が不安を抱かないように、できれば自宅はそのまま維持したいと考えていますが、5000万円の連帯保証債務を支払うことは到底できません。

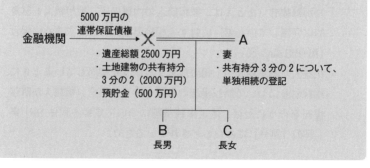

・・・

ノボル：先生、この事案では、すでに遺産分割協議を行っている以上、5000万円の債務も相続することはやむを得ないとして、自宅を売っても2500万円ほどの債務が残ってしまいますが、妻Aと長男B、長女Cに支払能力がない場合には、3人そろって自己破産するしかないのでしょうか。

姉 弁：それは、今回の相続人3名にとってあまりに酷じゃない？　何とかできないかしら。だって、遺産分割を行う時点では、その5000万円の連帯保証債務については「聞いてないよ」ってことでしょ？

ノボル：そうですが、連帯保証契約書には、被相続人Xの実印が押印され、印鑑証明書も添付されているようで、連帯保証の効力を争うのは、相当に厳しいのではないかと思います。

姉 弁：うーん。次善の策として、他に何か考えられないかしら。そもそも、妻Aたちは、もし5000万円の連帯保証を知っていれば、遺産相続するかどうかもわからなかったわけでしょう。

ノボル：遺産分割協議が錯誤により無効であるとして、相続放棄を行うか、限定承認を行うか、改めて検討するということでしょうか？

姉 弁：そうね。ちょっと裁判例を調べてくれる？

ノボル：わかりました。

　　　　（10分後）先生、こんな裁判例がありました。

姉 弁：そう、これこれ！　ノボルさん、リサーチ能力が上がりましたね。私もあとで不利な裁判例も含めて調べ直してみるけれど、まずはこの決定に沿って、家庭裁判所に上申書を提出するところから始めましょう。ノボルさん、早速ドラフトを起案してください。

ノボル：わかりました。その後、家庭裁判所が錯誤無効を認めて、熟慮期間を定めてくれた場合に備え、相続放棄を行うか、限定承認を行うかも考えておいたほうがよさそうですね。

姉 弁：そうね。その点について、妻Aは何かおっしゃっていた？

ノボル：そこまで明確に聞いていないのですが、この家に住めなくなると困るとは言っていました。

IV　限定承認

姉　弁：そうすると、限定承認を行い、相続財産の価格について、金融機関と交渉を行うことになるわね。

ノボル：先生、そうは言っても、金融機関がそのような交渉を受け付けてくれるのでしょうか？

姉　弁：そこは任せて。金融機関の担当者が、上司を説得できるような資料を付けて、評価について説明する文書をつくりましょう。

ノボル：その資料って、不動産鑑定士の鑑定評価書でしょうか。今回の相談者はお金がないとおっしゃっているので、弁護士費用の他に、不動産鑑定費用まで負担するのは、難しいように思われますが。

姉　弁：最終的には鑑定評価書をお願いしなければならないかもしれないけれど、まずは私たちで何とかしましょう。たとえば、競売不動産の評価書における評価プロセスは参考になるから、それを引用してドラフトを起案しておきますね。

ノボル：ありがとうございます。では、私は遺産分割協議の錯誤無効が認めてもらえるように、しっかり上申書を作成します。

Check List

☐ 遺産分割協議が法定単純承認にあたるか［→ 1］
☐ 法定単純承認の効力を争えないか［→ 2］
☐ 後から債務の存在を知り、限定承認の手続を進める場合、家庭裁判所に対してどのような主張を行うべきか［→ 3］
☐ 熟慮期間の起算点の繰下げは認められるか［→ 3］
☐ 限定承認後、相続財産の担保権者と交渉をすることは可能か［→ 3］
☐ 積極財産の評価に関し、減価を主張できるような要因はあるか［→ 4］

[解説]

1 遺産分割協議の法定単純承認該当性

　遺産分割協議は、相続人が相続財産につき相続分を有していることを認識し、これを前提に、相続財産に対して有する相続分を処分したものであるから、相続財産の処分行為と評価することができ、法定単純承認事由に該当する（大阪高決平成10・2・9判タ985号257頁）。

　そうすると、相談者としては、その後に発覚した債務についても承継せざるを得ず、その支払ができないとすれば、自己破産等の債務整理を選択せざるを得ないようにも思われる。

2 法定単純承認の効力を争うことの可否

　遺産分割協議が錯誤によって無効であることを理由として、法定単純承認の効力を争えるかに関し、「抗告人らが前記多額の相続債務の存在を認識しておれば、当初から相続放棄の手続をとっていたものと考えられ、抗告人が相続放棄の手続をとらなかったのは、相続債務の不存在を誤信していたためであり、前記のとおり被相続人と抗告人らの生活状況、Ｂら他の共同相続人との協議内容の如何によっては、本件遺産分割協議が要素の錯誤により無効となり、ひいては法定単純承認の効力も発生しないと見る余地がある」と判示している決定がある（前掲大阪高決平成10・2・9）。

3 家庭裁判所において行うべき手続

　限定承認を行うにせよ、相続放棄を行うにせよ、家庭裁判所に申述書を提出する際、「相続の開始を知った日」については、相談者が金融機関から支払いの請求を受けた日を記入した上、事情について詳細に説明するため、別途、上申書を提出しておく必要がある。

　その後、家庭裁判所において上申書の内容を検討し、錯誤無効に関する主張を一応裏付ける程度の資料があれば、遺産分割協議があった

としても法定単純承認の効果が生じていないものとして、熟慮期間の起算点を繰り下げた上で、限定承認または相続放棄の申述を受理してもらえる可能性がある（前記大阪高決平成10・2・9）。

ただし、熟慮期間の起算点の繰下げについて、最判昭和59・4・27民集38巻6号698頁は、当該相続人に対し相続財産の有無の調査を期待することが著しく困難な事情があり、相続人において被相続人に相続財産が全く存在しないと信ずるについて相当な理由がある必要があるとの判示をしている。この判示によれば、相続人が後から消極財産の存在を知った場合について広く救済する趣旨とは解されず、現に、熟慮期間の起算点の繰下げが認められなかった例も多数存在するので、依頼者に見通しを伝える際には注意を要する。

なお、弁護士が受任する際の方法としては、①相続放棄または限定承認の申述の代理、②後で述べる金融機関との交渉と2段階に分けておいたほうが、依頼者にとってわかりやすいと思われるが、事件処理にあたっては、依頼者の精神的な負担を軽減できるよう、①の手続と同時並行で、②に関する受任通知を金融機関に送付し、窓口を弁護士に移しておくことが望ましい。

4　積極財産の評価に関して主張できる要因の有無

本件では、相続放棄により依頼者が自宅を失うおそれがあることを懸念し、相続人が全員で限定承認の申述を行ったものとする。限定承認を行った場合、相続人は、「相続によって得た財産の限度においてのみ」「弁済すべきことを留保」する手続である（民922条）ため、金融機関に対し、依頼者の積極財産について、合理的な根拠をもって評価してもらうことがポイントとなる（なお、筆者の経験では、たとえ限定承認に至るまでのプロセスに、相続人にとって気の毒な事情があるとしても、金融機関がその点を積極的に考慮し、債務を大幅に減免してもらえることはなかった）。

具体的には、インターネットでも閲覧が可能な、競売物件の「評価

書」記載の評価額算定のプロセスが参考になる。本件では、たとえば、物件が義父との共有名義となっている点が、15％程度の減価要素となりうる（持分だけでの売却処分が行いにくいため）。このような主張をする場合には、参考とした競売物件の評価書を、資料で添付するとよい（金融機関の担当者が稟議を上げやすくするためである）。その他、土地の形状、法令上の利用制限、建物の築年数、心理的瑕疵（たとえば、当該土地建物で被相続人が自殺した場合）等、減価要因について積極的に主張すべきである。

このようなプロセスを経て、金融機関との間で、支払額について合意が得られたら、合意書を取り交わすことになる。

【 *Answer* 】

遺産分割協議があるからといって、直ちに法定単純承認事由にあたると諦めるのではなく、相続人から具体的な状況を聴取し、真に、これまで連帯保証債務の存在について認識しえなかったと考えられる場合には、遺産分割協議の錯誤無効を理由に、法定単純承認の効力が生じていないとして、限定承認の申述を行うことを検討すべきである。

限定承認の申述後は、金融機関との間で、支払金額について交渉を行うことになるが、特に不動産の評価については、競売物件の評価書等の資料を参考に減価要素を主張し、依頼者の利益を守るべきである。

第4章 遺言

第4章 ● 遺言

I…遺言の無効・遺言の方式・遺言能力

Case

　AはXとYとの間の長男であり、妹である長女Bとの2人兄弟です。

　Yが亡くなった後、AはX所有の実家の土地建物に同居し、BはX所有のマンションに住んでいました。Xは、マンションをBに、実家を含むその他すべての遺産をAに各々相続させる旨の公正証書遺言を作成していました。

　その後Xは、痴呆症を発症し、Aも多忙であったため、Bの住むマンションの近くの有料老人ホームに転居し、Bが世話をしていましたが、転居から2年で死亡しました。

　ところが、Xの死後、Xの有料老人ホームの荷物から、遺言書と書かれた封筒がみつかりました。検認の手続により中身を確認したところ、それは、Xのすべての遺産をBに相続させる旨の自筆証書遺言でした。

　Aは、Xは亡くなる直前は痴呆がひどかったため、このような遺言を書けるとは到底思えず、また、Xの署名も、Xの字に似せてはいますが、Xの字と違うように思えるため、Bがなにかをしたのではないかと思っています。

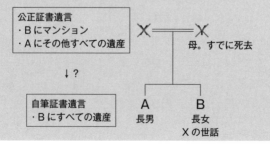

・・・

ノボル：今日の遺言の無効の相談、なんだか難しそうで不安になります。

兄　弁：いいじゃないか。遺言無効確認の訴えは、遺言の方式、遺言能力など、遺言に関する基本的事項と論点の坩堝だし。裏返せば、遺言書を作るときの注意点を知ることができるから勉強になると思うよ。ところで、被相続人が亡くなったことをいつ知ったのかは聞いただろうね。場合によっては、遺留分減殺請求権をすぐに行使しなければならないかもしれないからね。

ノボル：それは聞きました。Ａさんは、遺言の無効を争っているのに有効を前提とする遺留分減殺請求をしていいのか、気になっていたようですが。

兄　弁：あくまで念のためだからね。いずれにせよ、遺留分侵害行為や請求の目的物を把握して、誰に請求するかを確定するには時間がかかるから、遺言無効と並行して準備を急いだ方がいい。遺言無効確認の訴えの予備的主張として遺留分減殺請求の意思表示をすることも考えられるね。

ノボル：遺言無効確認では、やはりカルテなど医療記録が重要になるのですか。

兄　弁：もちろん重要だが、医療記録は過信しない方がいい。認知症であっても、いわゆるまだらボケの場合には、遺言能力があるとされる可能性がある。むしろ遺言者の状況を継続的に記録した看護記録や介護日誌、本人の日記等に目を配る必要があるね。それから、遺言書の記載や内容も重要だ。遺言書の成立要件の立証責任は被告にあるから、記載におかしなところがあれば指摘しておくべきだし、内容自体が複雑だったり不合理だったりすれば、無効を主張する方に有利に働くからね。

ノボル：わかりました。Ａさんにもできるだけ証拠を集めるよう相談します。

Check List

☐ 遺言無効の相談の際の留意事項（遺留分減殺請求権に注意せよ）［→ **1**］

☐ 遺言の無効を誰とどこで争うか。どのような手続で争うか

　　　　［→ 2］
　□遺言無効確認の訴えにあたり、予備的請求の内容も検討したか［→ 3］
　□遺言無効確認の訴えにあたり、争点を特定できているか
　　　　［→ 4］
　□自筆証書遺言の自書性はどのように争うべきか［→ 5］
　□遺言の方式（方式違背）はどのように争うべきか［→ 6］
　　　□自筆証書遺言の場合、記載自体に方式違反はないか
　　　□公正証書遺言の場合、作成の経緯および作成状況に問題はないか
　□遺言能力はどのように争うべきか［→ 7］
　　　□遺言時に遺言者の精神上の障害があったか、その内容および程度はどうか
　　　□遺言の内容は複雑か（遺言者の能力からして理解できるものか）
　　　□遺言の動機・理由、人間関係、遺言に至る経緯に不自然なところはないか
　□遺言書を作成する立場からは、どのような点に留意したらよいか［→ 8］

［ 解説 ］

1　遺言無効の相談を受けたときは遺留分減殺請求に注意

　弁護士が、遺言の「無効」に関する相談を受けた場合、まず注意しなければならないのは、遺留分減殺請求の行使の可能性である。遺留分減殺請求権は、遺留分権利者が、相続の開始および減殺すべき贈与または遺贈があったことを知った時から1年間行使しないときは、時効によって消滅する。相続開始の時から10年を経過したときも、

同様である（民1042条）。そこで、遺言無効の相談を受けた場合には、当該起算点に関する事情について、相談者にまず確認をすることが必須である。

そのうえで、遺言の無効を争う場合には、遺言無効確認調停（家事244条・257条1項）を申し立て、あるいはいきなり遺言無効確認の訴えを提起することになる（家事257条2項参照）。しかし、これらの申立てないし提起には遺留分減殺請求の意思表示は含まれないことから、遺言の無効を争っているうちに時効が成立しないよう、別途、念のためとして、内容証明郵便で遺留分減殺請求の意思表示をするか、遺言無効確認請求訴訟において、予備的請求として遺留分減殺請求の意思表示をすることが必要となる。

2　遺言無効確認の訴え

(1)遺言無効確認の訴えの適法性　遺言無効確認の訴えは、遺言が無効であることを確認するとの請求の趣旨のもとに提起される訴えであり、形式上過去の法律行為の確認を求めるものである。しかし、現在の権利または法律関係の基礎となる法律行為や法律手続の確認をした方が紛争の抜本的な解決になることもある。そこで、本訴えについては、「請求の趣旨がかかる形式をとつていても、遺言が有効であるとすれば、それから生ずべき現在の特定の法律関係が存在しないことの確認を求めるものと解される場合で、原告がかかる確認を求めるにつき法律上の利益を有するときは、適法として許容されうる」（最判昭和47・2・15民集26巻1号30頁）とされる。

(2)当事者適格・訴訟形態・管轄　本訴えの当事者適格は、遺言の効力について法律上の利害関係を有する者に認められる。原告適格を有するのは原則として相続人および承継人であり、被告適格を有するのは、原則として相続人、受遺者および承継人である。遺言執行者がいる場合は、遺言執行者は、原告にも（大決昭和2・9・17民集6巻501頁）、被告にもなりうる（最判昭和31・9・18民集10巻9号1160頁）。

本訴えは、原則として固有必要的共同訴訟ではない（最判昭和56・9・11民集35巻6号1013頁）が、複数の遺言執行者が一致しなければ遺言が執行できないなど、遺言の内容によっては固有必要的共同訴訟となることもありうる（静岡地浜松支判昭和25・4・27判タ45号47頁）。

本訴えは、相手方（被告）の住所地（民訴4条1項・2項）および相続開始時における被相続人の住所地（民訴5条14号・4条2項）を管轄する地方裁判所または簡易裁判所が管轄権を有する。訴訟であるから、家庭裁判所ではない。

（3）調停前置　遺言無効確認請求事件は、「家庭に関する事件」（家事244条）にあたり、訴えを提起しようとする者は、まず家庭裁判所に家事調停の申立てをしなければならない（家事257条1項）。

もっとも、調停前置は訴訟要件ではないから、家事調停の申立てをすることなく訴えを提起した場合もただちに不適法とはならず、裁判所は、原則として事件を家事調停に付すが、紛争の実態等に照らし、そのまま審理することもできる（家事257条2項）。したがって、当事者間の争いが激しく、調停による解決の見込がない場合には、いきなり本訴えを提起することも検討すべきである。

3　遺言無効確認の訴えの訴訟物

（1）訴訟物・請求の趣旨　本訴えの訴訟物は、「遺言者がした法律行為たる当該遺言の効力」である。

遺言の効力を争うものだから、請求の趣旨では当該遺言が特定されている必要がある。

【自筆証書遺言】
　亡Ｘが平成○年○月○日にした別紙記載の自筆証書遺言は無効であることを確認する。

> 【公正証書遺言】
> 　○○地方法務局所属公証人Ａが平成○年○月○日に作成した平成○年第○号遺言公正証書による亡Ｘの遺言は無効であることを確認する。

(2) 予備的請求──遺留分減殺請求　なお、本訴えを提起しても遺留分減殺請求の意思表示をしたとはいえず、遺言の無効を争っているうちに遺留分減殺請求権について時効が完成するおそれもあるため、本訴えを提起する場合、予備的に、遺留分減殺請求権の行使に基づく請求をすることを検討すべきである。

4　遺言無効確認の訴えの要件事実

(1) 請求原因事実　遺言無効確認請求は消極的確認請求だから、請求原因としては、原告は確認の利益の基礎となるべき事実を主張すれば足りる。すなわち、効力を争う対象の遺言を特定するため、①遺言が存在すると被告が主張していることを、原告が遺言の無効の確認を求めるにつき法律上の利益を有すること（前掲最判昭和47・2・15）を主張立証するため、②遺言者が、死亡時に当該遺言の目的である財産を所有していたこと、③遺言者が死亡したこと、④原告が遺言者の相続人またはその承継者であることを基礎づける遺言者との身分関係を主張立証する必要がある。

(2) 抗弁　遺言無効確認請求は消極的確認請求だから、被告の方が訴訟物である遺言の効力の発生を基礎づける事実について立証しなければならない。遺言は、普通の法律行為とは異なり、遺言者の真意を確保するため、法律に定める方式（自筆証書、公正証書または秘密証書の普通方式（民967条本文）と、危急時遺言（民976条・979条）、隔絶地遺言（民977条・978条）の特別方式（民967条ただし書）がある）に従わなければ効力が発生しないから（民960条）、被告は遺言の成立要件、すなわち、遺言者が、法の定める方式に則った遺言書を作成して、本件遺言をしたことを立証する必要がある（自筆遺言証書の成立要件につ

Ⅰ　遺言の無効・遺言の方式・遺言能力

いて被告が立証責任を負うことにつき、最判昭和 62・10・8 民集 41 巻 7 号 1471 頁)。

(3) 再抗弁　遺言無能力等、遺言の無効事由は、遺言の効力の発生を妨げる事実であるから、当該遺言の無効を主張する原告が主張立証する必要がある。

(4) 争点の具体的明示　上記(1)で述べたとおり、遺言無効確認請求は消極的確認請求だから、請求原因事実として訴状に当事者および上記(1)①を記載すれば訴訟物の特定としては足りるし、確認の利益にかかる同②ないし④を記載すれば、訴訟要件に欠けることもない。

しかし、これらの記載だけでは裁判所も被告も原告主張の遺言の無効原因が何かがわからないから、実務上は、方式違背（民 960 条）、遺言の自署性、遺言無能力等、原告が主張する遺言の無効原因も、訴状の段階で積極的に記載することが要求されている。たとえば、遺言の成立要件は本来被告が抗弁として主張責任を負うべきであるが、抗弁の先行積極否認として、原告が訴状の段階で方式違背による無効を主張し争点を明確にすることが求められる。

【遺言無効確認の訴えの要件事実】
Kg
①遺言が存在すると被告が主張していること
②遺言者が、死亡時に①の遺言の目的である財産を所有していたこと
③遺言者が死亡したこと
④原告が遺言者の相続人またはその承継者であることを基礎づける遺言者との身分関係

E
遺言者が、法の定める方式に則った遺言書を作成して、本件遺言をしたこと（民 960 条・967 条以下）
【自筆証書遺言の場合（民 968 条）】
①遺言者が、遺言書の全文、日付および氏名を自署し、押印したこと（1 項）
②加除訂正部分につき、遺言者がその場所を指示し、これを変更した旨を付記してこれに署名し、その変更の場所に押印したこと（2 項）

【公正証書遺言の場合（民969条）】
①証人2人以上の立会があったこと（1号）
②遺言者が遺言の趣旨を公証人に口授したこと（2号）
③公証人が、遺言者の口述を筆記し、これを遺言者および証人に読み聞かせ、または閲覧させたこと（3号）
④遺言者および証人が、筆記の正確なことを承認した後、各自これに署名押印したこと（4号）
⑤公証人が、①ないし④の方式に従ったことを付記して、これに署名捺印したこと（5号）
（秘密証書遺言・特別方式は略）

R①遺言時に遺言能力がなかったこと（民963条）

R②民法総則の規定（民90条・96条等）による無効・取消

R③遺言者の死亡以前に受遺者が死亡したこと（民994条1項）

R④遺言の証人または立会人に欠格事由があること（民974条）

R⑤遺言が撤回等されていること（民1022条ないし1024条）

R⑥遺言を、2人以上の者が同一の証書でしていること（民975条）

5 遺言無効確認の訴えの主要な争点1──自筆証書遺言の自書性

(1)自筆証書遺言の自書性の立証責任・判断基準　自筆証書遺言については、遺言書の自書性が争われることが多い。要は、その遺言が偽造であるとして、その成立の真正を争うわけである（民訴228条1項）。

自筆証書遺言の無効確認を求める訴訟においては、当該遺言証書の成立要件、すなわちそれが民法968条の定める方式に則って作成されたものであることを、遺言が有効であると主張する側において主張・立証する責任がある（前掲最判昭和62・10・8）。自筆証書遺言は

I　遺言の無効・遺言の方式・遺言能力

遺言者が遺言書の全文、日付および氏名を「自書」することにより成立するから、当該遺言が有効であることを主張する被告が、遺言者が当該遺言を「自書」により作成したことを立証することになる。

　しかし、自筆証書遺言は、他の方式と異なり、第三者が関与せず、遺言者のみで作成できる利便性を有する一方で、誰もその作成をみておらず、誰も作成したこと自体を知らないことも考えられるから、当該遺言が遺言者の「自書」によるものであることを被告が立証するにはかなりの困難を伴う。

　遺言書の自書性については、一般に以下の諸事情を総合考慮し判断されるとされる（東京地方裁判所民事部プラクティス委員会第2委員会「遺言無効確認請求事件を巡る諸問題」判タ1380号15頁以下参照）。

（2）筆跡の同一性　　文書の成立の真否は、筆跡または印影の対照によっても、証明することができる（民訴229条1項）。そこで、遺言書と遺言者の日記、メモ等その他の筆跡対象文書を対照し、筆跡の同一性が検討される。しかし、筆跡は個人のその日の感情によっても異なるし、時間の経過によっても個人の筆跡は変動するから、筆跡対象文書は、成立に争いのない照合文書の原本を可能な限り多数提出するのが望ましいとされる。なお、筆跡対象文書が被告の手許にない場合、原告に任意提出を求め、あるいは文書提出命令を活用することも検討すべきである（民訴229条2項・219条・223条）。

　筆跡の同一性については筆跡鑑定が利用されることもある。しかし、私鑑定では中立性や専門性が疑問視されるし、裁判所の筆跡鑑定でさえも、筆跡鑑定はいまだ科学的に確立された手法であると言い切れないことから、裁判実務は、筆跡鑑定のみを根拠としてこれを判断することにはなお慎重な姿勢であるとされる。

（3）遺言者の自書能力の存否およびその程度　　自筆証書遺言は遺言者自身による遺言書の全文、日付および氏名の「自書」を必要とするから、それが有効に成立するためには、遺言者が遺言当時自書能力を有していたことを要する。そして、「自書」は遺言者が自筆で書くこ

とを意味するから、自書能力とは、遺言者が文字を知り、かつ、これを筆記する能力を有することをいうとされ（前掲最判昭和62・10・8）、かかる自書能力も自書性判断の一要素となる。

なお、当該判例は、目の見えない者が他人の添え手による補助を受けた自筆証書遺言について、要旨、全く目の見えない者であっても、文字を知り、かつ、自筆で書くことができる場合には、筆記について他人の補助を要するときでも自書能力は失われないが、当該遺言は便箋4枚に概ね整った字で本文が22行にわたって整然と書かれるなどしており、遺言者の筆記する能力からは、補助だけでは到底そのような遺言を書くことはできず、添え手をした補助者の意思が介入しているとして、その自書性を否定した。

(4) 遺言書それ自体の体裁等　使用している用紙および筆記具、朱肉、インクおよび墨の色合いおよび濃淡、文書形式、言葉遣い、作成時期と文書内容との整合性など、遺言書それ自体の体裁等に不自然な部分がないかについても、自書性の判断において充分に考慮すべき事情となる。

(5) 遺言内容それ自体の複雑性、遺言の動機・理由、遺言者と相続人との人的関係・交際状況、遺言に至る経緯等　これについては後記7**(2)**の表〔170頁〕参照。

(6) 遺言書の保管状況、発見状況等　自筆証書遺言は、秘匿性が高いため、紛失、隠匿、破棄、偽造、変造の危険も大きく、死後発見されない危険性も高い。それだけに、当該遺言書がどのように保管され、どのような経緯で誰が発見したのかという点に関する関係者の説明に不自然な点はないかについても、間接的ではあるが、自書性の判断において考慮される。

(7) 私文書の成立の真正に関する推定　なお、遺言書は処分文書であるから、自書性の判断においては、私文書の成立真正の推定規定（民訴228条4項）や二段の推定の法理（最判昭和39・5・12民集18巻4号597頁）の適用の可能性も考慮に入れる必要がある（氏名が自署であ

ることに争いがない場合や、押印が印鑑証明付の実印である場合などに影響する）。

6　遺言無効確認の訴えの主要な争点 2 ——方式違背
(1)遺言の方式違背　　前述のとおり、遺言の成立要件の主張立証責任は被告が負担する。

　自筆証書遺言については、原則として、遺言書の記載それ自体が民法 968 条所定の方式を満たしていることを主張立証すれば足りる。これに対し、公正証書遺言については、遺言書の記載それ自体は通常問題とならず、口授、読み聞かせ等遺言公正証書作成の経緯および状況についての主張立証が必要となる。その場合の証拠方法は、書証として遺言者の日記、メモ等、人証として公証人、立会証人および関係者の取調べが考えられる。

(2)自筆証書遺言の方式　　自筆証書遺言は「自書」が要求されるから、ワープロの文書、録音データは「自書」とはいえないが、カーボン紙による複写は「自書」にあたる（最判平成 5・10・19 集民 170 号 77 頁）。他人の添え手による補助については、直ちに自書能力は失われないが、遺言書の筆跡から補助者の意思が介在したと認められる場合は「自書」とはいえない（前掲最判昭和 62・10・8）。

　「日付」は、遺言能力の有無、遺言の前後を確定するために必要であり、暦上何年何月何日まで特定していなければならず（「大正 5 年 1 月」（大決大正 5・6・1 民録 22 輯 1127 頁）、「昭和四拾壱年七月吉日」（最判昭和 54・5・31 民集 33 巻 4 号 445 頁）は無効）、遺言書作成の日と一致していなければならない（東京高判平成 5・3・23 判タ 854 号 265 頁等）。もっとも、暦上特定の日と自然に解釈できれば有効であるし（「平成二千年一月十日」（大阪地判平成 18・8・29 判タ 1235 号 282 頁）は有効）、錯誤により遺言作成日と異なる日を書いた場合でも、真実の作成日が遺言書の記載その他から容易に判明するのであれば有効と解してよい（最判昭和 52・11・21 家月 30 巻 4 号 91 頁）。

「氏名」も自書が必要であるが、氏または名のいずれかを自書しているだけでも、本人の同一性を知りうるときは有効とされるし（大判大正4・7・3民録21輯1176頁）、通称でもよい（大阪高判昭和60・12・11家月39巻1号148頁）。

「押印」は実印であることを要せず、拇印その他の指印で足り（最判平成元・2・16民集43巻2号45頁）、遺言書本文の自書名下に押印がなくとも、遺言書本文の入れられた封筒の封じ目にされた押印でも足りる（最判平成6・6・24集民172号733頁）。なお、帰化したヨーロッパ人に対して押印がなくとも遺言を有効とした判例がある（最判昭和49・12・24民集28巻10号2152頁）。

なお、明らかな誤記の訂正は、民法968条2項の要件を充足しなくとも遺言の効力に影響しない（最判昭和56・12・18民集35巻9号1337頁）。

(3) 公正証書遺言の方式　「証人2人以上の立会い」（民969条1号）については、証人は、公正証書作成の最初から最後まで立ち会わなければならず（最判平成10・3・13判時1636号44頁、最判昭和52・6・14集民121号1頁）、遺言者の口授の内容を十分聞き取れる距離にいる必要がある（広島地呉支判平成元・8・31判タ716号214頁）。目が見えない者であっても民法974条所定の欠格者に該当せず、事実上も適性を欠くとはいえない（最判昭和55・12・4民集34巻7号835頁）。また、証人となることができない者の同席があっても、特段の事情がない限り遺言は無効とならない（最判平成13・3・27判時1745号92頁）。

「口授」（民969条2号）については、少なくとも、遺言者がなんらかの文言を発したことは必要とされ、公証人の質問に対し、たとえその質問の内容が遺言者の真意に合致したものであっても、遺言者が何ら言葉を発することなく単にうなずいたにすぎないときは、遺言者の口述が存在しないのであって、「口授」とはいえない（最判昭和51・1・16集民117号1頁）。公証人と手を握り、公証人による遺言公正証書の案文の読み聞かせに対し手を握り返しただけでは、言語をもって

陳述していないから、口授があったものとは認められない（東京地判平成20・11・13判時2032号87頁。肯定例として、最判昭和54・7・5判時942号44頁等。他方、口授を否定した直近の裁判例として、大阪高判平成26・11・28判夕1411号92頁も参照）。

「口授」（民962条2号）と「筆記」および「読み聞かせ」（同3号）は前後しても良い（最判昭和43・12・20民集22巻13号3017頁）。

遺言者の「署名」（民969条4号）は、公正証書遺言の場合には、公証人が本人確認をした上で作成されるために、遺言者の署名は本人の同一性判断の資料としての要素よりは記載内容の正確性を承認する要素としての意味合いが大きいことからも、遺言者の自署する氏名としては、戸籍上の氏名と同一であることを要せず、通称、雅号、ペンネーム、芸名、屋号などであっても遺言者自身の署名であることが明らかになる記載であれば足りるが、氏名でない記号等では足りない（大阪高判平成21・6・9判時2060号77頁）。なお、「署名することができない場合」（同号ただし書）とは、病気等身体的理由があることも含む（最判昭和37・6・8民集16巻7号1293頁）。

7 遺言無効確認の訴えの主要な争点3──遺言能力

(1)遺言能力　遺言は、被相続人の最終の意思であるから、できるだけその効力を認めるべきであり、また、被相続人の死後の問題であるから、行為者の保護を考える必要もない。そこで民法は、行為能力の制限に関する民法5条、9条、13条および17条の規定は、遺言については、適用しないとし（民962条）、満15歳に達した者は遺言をすることができるとしている（民961条）。ただし、成年被後見人が事理を弁識する能力を一時回復した時において遺言をするには、当該能力を欠く状態になかったことを証明するために医師2人以上の立会いを必要とする（民973条）。

(2)遺言無能力の立証責任・判断基準　遺言者は、遺言をする時においてその能力を有しなければならない（民963条）。

遺言無能力は、遺言の効力の発生を妨げる事実として、当該遺言の無効を主張する原告が主張立証する必要があるとされる。

　遺言能力に明確な定義規定はないが、「遺言当時、遺言内容を理解し遺言の結果を弁識し得るに足りる能力」をいい、身分行為であるから、財産行為において必要とされる行為能力までは必要なく、ただ、法律行為である以上、一般的抽象的な意味での意思能力は必要であり、かつ、それで十分であるとするのが伝統的通説である。

　しかし、多数の裁判例は、遺言能力について、一般的な意思能力や事理弁識能力以上の当該遺言を理解する能力を要求している。たとえば、遺言の内容が重大もしくは高額であることを理解しているかどうか（名古屋高判平成5・6・29判時1473号62頁等）、遺言書作成依頼に関する遺言者の関与の程度、遺言作成時の状況（東京地判平成11・9・16判時1718号73頁等）など、諸事情を総合的に考慮して、遺言能力を遺言者ごとに相対的に判断しているといえる。

　一般には、次頁の表の諸事情が、遺言能力の存否を判断するにあたり考慮すべき事情であるとされる（前掲「遺言無効確認請求事件を巡る諸問題」判タ1380号11頁以下参照）。遺言無能力は、規範的構成要件であることから、当該諸事情のうち、遺言能力の不存在を根拠づける事実については原告が、遺言能力の存在を基礎づける事実については被告が、各々立証の必要があるといえる。

【遺言無能力の存否を判断するにあたり考慮すべき諸事情】
1　遺言時における遺言者の精神上の障害の存否、内容および程度

①精神医学的観点	精神医学的疾患の存否、内容（精神医学的疾患の種類、特性、具体的症状等）および程度 ・精神医学的疾患は存在するのか ・精神医学的疾患は認知症か統合失調症かそのほかのものか ・寛解がありうるものか ・具体的症状は見当識障害か記憶障害かそのほかのものか ・精神科学的疾患の重傷度はどの程度のものか等	【証拠】 ・遺言時またはその前後の診断書および精神心理学的検査の結果 ・担当医師の供述 ・遺言後の後見開始審判申立事件における精神鑑定の結果 ・当該遺言無効確認請求事件における医療鑑定の結果等
②行動観察的観点	遺言時またはその前後の症状、言動等	【証拠】 ・入院診療録（看護記録等） ・遺言時の状況に関する公証人、立会証人等の供述 ・遺言当時の状況に関する同居者、担当医師等の供述等

2　遺言内容それ自体の複雑性

・遺言内容が複雑になればその理解は容易でなくなり、遺言者はより高度の精神能力が求められることになる。 ・遺言者の精神能力がさほど高くないにもかかわらず遺言内容が複雑で理解困難なものであることは、無効原因として偽造や錯誤無効等が主張される場合にも重要な補助事実又は間接事実の1つとなる。	【証拠】 ・遺言書

3　遺言の動機・理由、遺言者と相続人または受遺者との人的関係・交際状況、遺言に至る経緯等

・そのような遺言をする動機・理由が遺言者には見当たらない、生前の遺言者と相続人または受遺者との人的関係・交際状況に照らしてそのような遺言をすることには疑問がある、そのような遺言に至る経緯が余りに唐突であるなどの周辺事情をふまえた場合における遺言内容の不自然性・不合理性等は、直接的ではないが、遺言能力の存否の判断を左右しうる事情といえる。 ・周辺事情をふまえた場合には遺言内容が余りに不自然・不合理という事情は、無効原因として偽造や錯誤無効等が主張される場合にも補助事実または間接事実の1つとなる。	【証拠】 ・遺言者の日記、メモ等 ・生前の遺言者の生活状況、相続人または受遺者との人的関係・交際状況、遺言に至る経緯等に関する関係者の供述等

8　遺言書を作成する立場からの視点

以上のとおり、自筆証書遺言のみならず、公正証書遺言でさえ、その効力を無効とする多数の裁判例がある。翻って、これらを遺言を作成する立場からみた場合、遺言の作成を依頼された弁護士は、以下の点に留意すべきと考えられる。

①遺言者に直接面談し、遺言をする動機や経緯、遺言の内容についての遺言者の意向を十分に確認すること（遺言の内容が不合理でないか、推定相続人の意思の不当な干渉がないかに留意する）

②遺言の内容を、当該遺言者にも理解できる程度にシンプルなものにすること

③遺言時の遺言者の心身の状況について、医師の診断書等を得ておくこと

④遺言直前に、医療機関等で、長谷川式簡易知能評価スケールなどの知能テストを実施し、その結果を残しておくこと

⑤遺言書の付言事項で、遺言をする動機や経緯について詳しく残しておくこと

⑥場合によっては、遺言の作成状況を録画等で記録すること

【 *Answer* 】

　遺言無効確認の訴えは、遺言の方式、遺言能力等、遺言の基本的事項および論点の坩堝ともいえ、当該訴訟を提起するには、遺言の基本事項についての理解と、十分な事前準備が必要となる。裏返せば、当該訴訟を理解することは、遺言書を作成する上でどのような点に注意すべきかの指針ともなる。

◀ 相続法改正 ▶ 自筆証書遺言の見直し

1　自筆証書遺言の方式緩和

　現行法上、自筆証書によって遺言をするには、遺言者が、その全文を自書しなければなりません（民968条1項）が、特に、財産が多数ある場合には、全文の自書は相当な負担となります。そこで、平成30年相続法改正では、自筆証書にこれと一体のものとして相続財産の全部または一部の目録を添付する場合には、その目録については、自書することを要しないとして、財産目録について自筆証書遺言の要件を緩和しました（改正民968条2項）。この場合、遺言者は、その目録の毎葉（自書によらない記載がその両面にある場合にあっては、その両面）に署名押印することが必要となり、これにより偽造を防止することになります。

2　法務局における遺言書の保管制度

　自筆証書遺言は、他の方式と異なり、遺言者のみで作成できる簡易な方式であるという利便性はありますが、他方で、自筆証書遺言は、自宅で保管されることが多く、紛失、廃棄、隠匿、改ざん等により、相続をめぐる紛争が生じるおそれがあります。そこで、上記相続法改正と同時に、「法務局における遺言書の保管等に関する法律」（平成30年法律73号）が成立し、高齢化の進展等の社会経済情勢の変化にかんがみ、相続をめぐる紛争を防止するという観点から、法務局において自筆証書遺言に係る遺言書を保管する制度が新たに設けられました。

第4章 ● 遺言

II 遺言事項──「相続させる」旨の遺言・遺贈・認知・廃除・遺言執行者の指定

Case

　当事務所の顧問先である甲会社の前社長であり、現会長のXが、遺言の相談に来ました。

　Xには妻との間に長男Aと次男Bがいますが、妻とは妻の浮気が原因で離婚し、その後、内縁の妻Cとの間に三男Dをもうけていますが、まだ認知はしていない状態にあります。

　Xの希望としては、長年影ながら自分を支えてくれたCに報いたいと考え、Dについても正式に自分の子として認め、2人に将来の生活に困らないだけの財産を渡し、残りの財産は、事業を継いでくれた現社長のAにすべて相続させたいと考えています。

　他方で、Bは素行不良で、成人後もXの財産からの不労所得を当てにして正業に就かず、Xの財産を勝手に処分したり、不動産の賃料収入をギャンブルや遊興で浪費するなどし、さらにはXに対してしばしば暴力を振るうなどしたため、XはBを勘当しており、XはBには一切財産を相続させたくないと考えています。

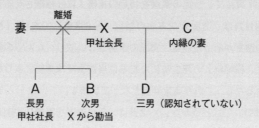

II 遺言事項　173

・・・

ノボル：X会長の家庭環境は複雑ですね。遺言も複雑になりそうです。

兄　弁：遺言事項は法定されているけども、本件ではどのような遺言事項が考えられるかな。

ノボル：Aに対しては「相続させる」旨の遺言、Cに対しては遺贈、Dに対しては認知した上で「相続させる」旨の遺言、Bに対しては廃除が考えられます。

兄　弁：元々民法が遺言により特定の遺産を取得させる方法としては遺贈を予定しているけれども、相続人については、「相続させる」旨の遺言が使われるのはなぜかな。

ノボル：昭和40年代から公証実務および登記実務上生み出されたテクニックと聞いています。遺贈は特定承継ですが、相続人は「相続」（一般承継）で遺産を取得すべきという考え方から、「相続させる」旨の遺言は、「相続」だから登録免許税が遺贈より低いとか、遺贈の場合には不動産登記手続については受遺者と相続人全員との共同申請が必要ですが、「相続させる」旨の遺言の場合は単独で「相続」を原因とする移転登記ができるなどの実務上のメリットを狙ってなされていたものです。前者は、平成15年の税制改正により遺贈と相続の登録免許税が同じになってしまいましたが……。

兄　弁：でも、「相続させる」旨の遺言は、これを法定する直接の規定はないよね。その点はどう考えるのかな。

ノボル：これについては、紆余曲折の末、結局、最判平成3・4・19民集45巻4号477頁にて、特定の遺産を特定の相続人に「相続させる」旨の遺言の法的性質は、遺産分割方法の指定（民908条）であり、「相続させる」旨の遺言があった場合、特段の事情がない限り、なんらの行為を要せずして、被相続人の死亡時にただちに当該遺産は相続により相続人に承継されるとし、これが確定判例となっています。

兄　弁：Cについてはどうかな。X会長は、Cに遺贈を事前に説明してあるとのことだが。

ノボル：問題が生じるとしたら不動産移転登記ですね。特に、Bがいるので共同相続人との共同申請は期待できないですし。遺言執行者を指定した方がいいですね。

兄　弁：Dについてはどうだろう。X社長がDを認知するにあたり、問題はないかな。

ノボル：Dはすでに成人して別家庭をもっているとのことなので、Dの承諾がなければ認知の効力は発生しないことになります。承諾しない場合、Dに相続させるつもりだった財産をどうするかについても、あらかじめ決めておく必要がありますね。

兄　弁：Bに対しても問題があるぞ。X会長の気持ちはわかるが、話を聞いていると、Bがグレた原因は、X会長が離婚後すぐにCを内妻に迎えたことにもありそうだし……。実際のところ、遺言による廃除の認容率はかなり低い。特に遺言による廃除はX会長の亡くなった後になされるから、事情がわかる人がおらず、廃除事由を立証できないことも多い。

ノボル：その辺はX会長に詳しく事情を聞いて、廃除事由を明確にする必要がありますね。この点でも遺言執行者を指定する必要がありますし、証拠も確保しておかないと……。

兄　弁：廃除事由は遺言書そのものに記載せず、宣誓認証により、別途、宣誓供述書を作成しておくことも考えられるね。いずれにせよ、充分にX会長に説明するとともに、万が一に備えて、Bの遺留分についての対策も講じておく必要があるね。

Check List

□ 遺言事項が法定されているのはなぜか［→ **1**］
□「相続させる」旨の遺言の狙いは何か・遺贈とはどのように使い分けるか［→ **2**］
□ 遺贈をするにあたり、どのような点に注意すべきか［→ **3**］
　　□ 特定遺贈、特に不動産の場合、相続人（遺贈義務者）の

協力は得られるか・遺言執行者を選任しておく必要はないか
　　□負担付遺贈の負担がなされない場合、どのように対処すべきか
　　□受遺者が遺贈を放棄したり、相続開始時に死亡しているような事態に対応する必要はないか
□遺言で子を認知するにあたり、どのような点に注意すべきか［→ 4］
　　□認知する子は未成年か胎児か成年か
　　□認知される子の生活環境等について、十分に考慮しているか
　　□認知について承諾が必要な場合はあるか
□遺言で推定相続人を廃除するにあたり、どのような点に注意すべきか［→ 5］
　　□そもそも排除が必要な推定相続人か（遺留分を有する相続人か）
　　□廃除するだけの事由が存在するか
　　□遺言者の死後に廃除を立証できるだけの証拠を確保できるか
□遺言執行者を指定するにあたり、どのような点に注意すべきか［→ 6］
　　□必ず遺言執行者によらなければならない遺言執行行為が存在するか
　　□専門家によらなければ事実上なしえない遺言執行行為があるか

[解説]

1 遺言事項

遺言によりなしうる事項は法定されたものに限られ、それ以外の事項に関する遺言は法律上の効果を生じない（遺言事項法定主義）。単に故人が子孫に残した遺訓・遺誡などは、道徳的意味はあっても法的には意味がない。また、法的に意味があっても、遺言は被相続人の単独行為だから、無制限に認めていたのでは、被相続人の死後、利害関係人に無用の混乱を生じさせる。そこで、遺言事項は法定されている。

法が定める遺言事項は以下のとおりである。

(1)法定相続に関する事項

①推定相続人の廃除およびその取消（民893・894条2項）、②相続分の指定および指定の委託（902条）、③遺産分割方法の指定および指定の委託、遺産分割の禁止（908条）、④相続人相互の担保責任の指定（914条）、⑤遺留分減殺方法の指定（1034条ただし書）

(2)相続以外の財産処分に関する事項

⑥遺贈、⑦一般財団法人設立のための財産の拠出（一般法人152条2項・157条・158条2項）、⑧信託の設定（信託法2条2項2号・3項2号）、⑨保険金受取人の変更（保険法44条1項・73条1項）

(3)身分上の事項

⑩認知（781条2項）、⑪未成年後見人の指定（839条1項）、未成年後見監督人の指定（848条）

(4)遺言の執行に関する事項

⑫遺言執行者の指定および指定の委託（1006条1項）

(5)著作物に係る人格的利益の保全

⑬著作物の実名登録の申請をなすべき者の指定（著作権法75条2項）

(6)解釈によりなしうるとされる事項

⑭祭祀主宰者の指定（897条）、⑮特別受益の持戻し免除（903条3項）

2 「相続させる」旨の遺言

> 第○条　遺言者は、遺言者の有する次の不動産を長男A（生年月日）に相続させる。

(1) 実務の中から生まれた「相続させる」旨の遺言　　民法が、遺言により特定の者に特定の遺産を取得させる方法として定めるのは遺贈（民964条）であるが、特定承継である遺贈は、「相続」（一般承継）により遺産を取得する相続人にはなじまないとして、相続人については、昭和40年代から公証実務および登記実務上、いわゆる「相続させる」旨の遺言が用いられてきた。

その当初の狙いは、特定承継である遺贈は不動産価格の1000分の25の登録免許税が課されるのに対し、「相続させる」遺言の場合は、相続を登記原因とすることから、不動産価格の1000分の6の登録免許税で済むという節税効果にあった。このメリットは、平成15年の税制改正により遺贈の登録免許税が相続と同率まで引き下げられたことにより失われたが、なお不動産登記手続においては特定承継である遺贈は受遺者と相続人全員ないし遺言執行者との共同申請が必要だが、「相続させる」旨の遺言は単独で相続を原因とする移転登記ができるなどの実務上のメリットが認められている。

(2)「相続させる」旨の遺言の法的性質　　もっとも、この「相続させる」旨の遺言が法定された遺言事項のいずれにあたるのか、その法的性質には争いがあり、そのリーディングケースとなった東京高判昭和45・3・30判時595号58頁（いわゆる多田判決）では、要旨、「相続させる」旨の遺言は、特段の事情がない限り遺産分割方法の指定ないし相続分の指定であるとし、そうである以上「相続させる」旨の遺言によっても遺産分割手続は必要であり、所有権移転登記も遺産分割協議書を添付して申請する必要があるとした。これに対しては登記実務が猛烈に反発し、昭和47・4・17民甲1442号法務省民事局長通達民事現法27巻5号165頁では、相続人に遺言者所有の不動産を「相

続させる」旨の遺言があった場合に、相続を登記原因とする所有権移転登記に応じても差し支えないとしたために、裁判実務と登記実務とが乖離し、混乱が生じた。

　この混乱に一応の幕引きをしたのが、最判平成3・4・19民集45巻4号477頁（いわゆる香川判決）である。最高裁は、要旨、「相続させる」旨の遺言は、遺言者の意思の合理的意思解釈からすると、遺言書の記載からその趣旨が遺贈であることが明らかであるかまたは遺贈と解すべき特段の事情がない限り、特定の遺産を特定の相続人に単独で相続により承継させる旨の遺産分割方法の指定（民908条）であるとしつつ、他の共同相続人もその遺言に拘束され、これと異なる遺産分割の協議、さらには審判もなしえないのだから、特段の事情がない限り、なんらの行為を要せずして、被相続人の死亡時にただちに当該遺産は相続により当該相続人に承継されるとし、これが確定判例となっている。

3　遺贈

【文例1】

> 第○条　遺言者は、遺言者の有する次の不動産を遺言者の内縁の妻C（生年月日、住所）に遺贈する。

【文例2】

> 第○条　遺言者は、遺言者の所有する次の土地を、遺言者の孫▽▽▽▽（生年月日、住所）に遺贈する。
> 2　受遺者▽▽▽▽は、前項記載の不動産の遺贈を受ける負担として、遺言者の死亡した日の属する月の翌月から遺言者の妻□□□□（生年月日、住所）が死亡する日の属する月の前月まで、同人に対して、その生活費として月額◎万円を、毎月末日限り、当月分を同人の住所に持参もしくは郵送し、または同人が指定する銀行口座に振り込み送金して支払わなければならない。

(1)遺贈とは　　遺贈とは、遺言による財産の無償譲与である。民法

964条本文が「遺言者は、包括又は特定の名義で、その財産の全部又は一部を処分することができる。」といっているのはこの意味であり、「包括の名義で」とは、包括遺贈のことを、「特定の名義で」とは、特定遺贈のことを指す。

包括遺贈とは、遺言者が、遺贈の目的の範囲を、積極財産と消極財産の双方を含む遺言者の財産の全部と表示した遺贈または遺言者の財産全体に対する割合をもって表示した遺贈をいい、特定遺贈とは、指定された具体的な財産利益についての遺贈をいう。【文例1】は特定遺贈の例である。包括遺贈と特定遺贈の主な違いは、前者は遺言者の消極財産をも承継するのに対し、後者はそうではないという点にある。

遺贈は無償行為である。後述の負担付遺贈も、負担は対価ではなく、遺言者に対する反対給付ではないことから、無償である。無償で財産を譲与する点については生前贈与、死因贈与と共通であるが、遺言は遺言者の死亡時に効力が発生するのに対し、生前贈与は成立と同時に効力が発生すること、遺言は単独行為であるのに対し、生前贈与、死因贈与は契約である点が異なる。

(2) 条件付遺贈・負担付遺贈　遺贈には条件・期限をつけることができる（民994条2項参照）。また、負担を付けることもでき、これを負担付遺贈という（民1002条・1003条・1027条）。【文例2】は負担付遺贈の例である。

(3) 遺贈の当事者　遺贈を受くべき者を受遺者という。受遺者は、遺言の効力が生ずる遺言者の死亡時に生存していなければならない（民994条1項）。ただし、胎児については生まれたものとみなされる（民965条・886条1項）。受遺者は相続欠格者であってはならない（民965条）。

遺贈の履行をなすべき者を遺贈義務者という。原則として相続人である。しかし、遺言執行者がいる場合は、遺言執行者が遺贈義務者となる。

不動産登記手続においては特定承継である遺贈は受遺者と遺贈義務

者、すなわち相続人全員との共同申請が必要であるが、相続人全員が必ずしも協力してくれるとは限らない。この場合、受遺者は、家庭裁判所に対して当該遺贈についての遺言執行者選任を申し立てる。実務上は、受遺者自身を遺言執行者として選任するよう申し立てることが多い。実質的に単独申請と同様となる点に狙いがある。

(4) 遺贈の効力　遺贈の効力について、包括遺贈に物権的効力があることは明らかである。問題は、特定遺贈であるが、特定物または特定債権の遺贈については物権的効力が生ずると解されているのに対して（大判大正5・11・8民録22輯2078頁）、不特定物の遺贈については債権的効力のみであり、目的物が特定してはじめて物権的効力が生じると解されている。

(5) 遺贈の放棄　包括遺贈の場合には、相続の承認および放棄の規定が準用される（民990条参照）。

　特定遺贈の場合には、受遺者は、遺言者の死亡後、いつでも、遺贈の放棄をすることができ、遺贈の放棄は、遺言者の死亡の時にさかのぼってその効力を生ずる（民986条）。放棄の意思表示は遺贈義務者にすれば良い。特定遺贈の放棄には期限が定められていないことから、遺贈義務者その他の利害関係人には催告権が与えられており、催告によって定められた相当の期間内に回答がない場合には遺贈を承認したものとみなされる（民987条。なお、988条も参照）。遺贈の承認および放棄は、撤回することができない（民989条1項）。しかし、総則編、親族編の規定によって取り消すことはできる（同条2項）。

　遺贈が放棄されたときは、遺言者の別段の意思表示がない限り、受遺者が受けるべきであったものは、相続人に帰属する。

(6) 遺贈の無効　遺贈には特有の無効原因が3つある。

　第1に、遺贈は、遺言者の死亡以前に受遺者が死亡したときは、その効力を生じない（民994条1項）。したがって、遺言の効力が生じる以前に受遺者が死亡した場合に、受遺者の相続人に当該財産を遺贈したい場合は予備的遺言が必要となる。

第2に、停止条件付きの遺贈について、受遺者がその条件の成就前に死亡したときも、遺贈は無効である。ただし、遺言者がその遺言に別段の意思を表示したときは、その意思に従う（994条2項）。

　第3に、遺贈は、その目的である権利が遺言者の死亡の時において相続財産に属しなかったときは、その効力を生じない。ただし、その権利が相続財産に属するかどうかにかかわらず、これを遺贈の目的としたものと認められるときは、この限りでない（民996条）。この場合、遺贈義務者は、その権利を取得して受遺者に移転する義務を負うが、その権利を取得することができないとき、または取得に過分の費用を要するときは、遺贈義務者は、その価額を弁償しなければならない。ただし、遺言者がその遺言に別段の意思を表示したときは、その意思に従う（民997条）。

　遺贈が無効の場合、放棄と同様に、受遺者が受けるべきであったものは、相続人に帰属する（民995条）。

　なお、遺贈は、遺留分に関する規定に違反することができないが（民964条ただし書）、これに反した遺贈も当然には無効ではなく、遺留分減殺請求の対象となる。

(7) 遺贈の取消　遺贈には特有の取消原因が1つある。すなわち、負担付遺贈を受けた者がその負担した義務を履行しないときは、相続人は、相当の期間を定めてその履行の催告をし、その期間内に履行がないときは、その負担付遺贈に係る遺言の取消しを家庭裁判所に請求することができる（民1027条）。

　ただし、負担付遺贈を受けた者は、遺贈の目的の価額を超えない限度においてのみ、負担した義務を履行する責任しか負わない（民1002条1項）。

4　子の認知

第○条　遺言者は、〈本籍〉・D（生年月日）を認知する。

> 第○条　遺言者は、次の不動産を、上記Dに相続させる。

(1) 認知とは　　（任意）認知とは、父が自ら自分の子であると認める行為であり（民779条）、戸籍法の定めによる届出により行う要式行為である（民781条1項、戸籍60条・61条）。

　認知は、遺言によっても、することができる（民781条2項）。上記は、遺言による認知の文例である。この場合には、認知に承諾が必要な場合を除き、遺言者死亡の時に認知の効力が生じ（民985条）、遺言執行者が報告的届出をする（戸籍64条）。

(2) 認知能力　　認知をするには、意思能力があれば足り、父または母が未成年者または成年被後見人であるときであっても、その法定代理人の同意を要しない（民780条）。

(3) 認知に承諾が必要な場合　　認知には原則として子の同意を要しない。ただし、成年の子は、その承諾がなければ、これを認知することができない（民782条）。父は、胎児も認知することができるが、この場合においては、母の承諾を得なければならず（民783条1項）、死亡した子を認知する場合に、その直系卑属が成年者であるときは、その者の承諾を要する（同条2項）。

　これらの場合には、承諾を得たときに、認知の効力が生ずることになる。

(4) 遺言による認知の効力および認知する場合の注意点　　遺言により父が子を認知した場合、子は、父の第1順位の法定相続人となるという大きな法的効果が生じる。しかも、非嫡出子の相続分を嫡出子の2分の1とする民法900条4号前段が憲法14条1項に違反するとした最大決平成25・9・4民集67巻6号1320頁に基づいて民法が改正されたことから、認知された子は、事実上、他の相続人との間で大きな相続争いに巻き込まれることになりかねない。無論、非嫡出子であることについて子には責任がなく、子が父子関係の発生を望むなら問題はないが、他方で、認知には原則として子の同意は不要であるこ

とから、生活の平穏を望む子の利益を害しないように、事前に子の意思を確認するなどの配慮をすることが望ましい。

5　推定相続人の廃除

> 第○条　遺言者の次男Ｂ（生年月日）は、遺言者を常に馬鹿野郎と罵って侮辱し、しばしば、遺言者に暴行を加えるなど虐待し、さらには遺言者の財産を無権限で処分し、賭博、遊興に費消するなど著しい非行を続けるので、遺言者は、次男Ｂを廃除する。

(1) 推定相続人の廃除とは　推定相続人の廃除とは、遺留分を有する推定相続人（相続が開始した場合に相続人となるべき者）が、被相続人に対して虐待をし、もしくはこれに重大な侮辱を加えたとき、または推定相続人にその他の著しい非行があったときは、被相続人の意思で、その推定相続人の相続権および遺留分権を剥奪することをいう（民892条）。

廃除の対象は遺留分を有する推定相続人であるから、遺留分を有しない兄弟姉妹や、遺留分の放棄をした者は対象とならない。

廃除は、遺言によって行うこともできる。上記は、遺言による廃除の文例である。被相続人が遺言で推定相続人を廃除する意思を表示したときは、遺言執行者は、その遺言が効力を生じた後、遅滞なく、その推定相続人の廃除を家庭裁判所に請求しなければならない（民893条前段、家事39条・別表１の86項・188条）。

(2) 廃除事由およびその判断基準　上記のとおり、廃除事由は、①被相続人に対する虐待もしくは重大な侮辱、②その他の著しい非行の２つに限られる。

廃除は、法定相続人の相続権の最低限の内容として保障されている遺留分権を否定するものだから、遺留分権を否定して相続権を完全に奪うことが、社会的かつ客観的に正当とされるほどの理由が必要であるという点で、実質的には、養親子関係における「縁組を継続し難い

重大な事由」(民 814 条 1 項 3 号)、夫婦関係における「婚姻を継続し難い重大な事由」(民 770 条 1 項 5 号) と趣旨を同じくするから、廃除事由があるかどうかは、養親子なら離縁、夫婦なら離婚を宣告されるであろうと考えられる程度の虐待侮辱・非行であるか否かを基準とすべきということになる (中川善之助＝泉久雄編著『新版注釈民法 (26)』(有斐閣、平成 4 年) 325 頁〔泉〕)。

また、廃除の審判の傾向は、推定相続人の行為の態様で一律に廃除事由を認定しているのではなく、推定相続人のとった行動の背景事情や被相続人の態度および行為も斟酌考量した上で慎重に認定されるから (東京高決平成 8・9・2 家月 49 巻 2 号 153 頁参照)、被相続人にも非行に至った責任がある場合や、犯罪が被相続人に直接向けられていない場合、推定相続人が事理弁識能力を欠いている場合には、廃除を否定している裁判例もある (名古屋高決昭和 46・5・25 家月 24 巻 3 号 68 頁、佐賀家審昭和 41・3・31 家月 18 巻 11 号 67 頁、秋田家大館支審昭和 43・4・23 家月 20 巻 10 号 84 頁)。

それだけに、毎年の司法統計をみても、実際の廃除の認容率はおおむね 20％ 前後であり、極めて低いのが実情である。

(3) 遺言による廃除における立証の困難性　特に、遺言による廃除において問題なのは、廃除が遺言者の死亡後になされるということである。遺言から遺言の効力の発生までの間に廃除事由に関する証拠が散逸してしまうおそれがあるし、侮辱などの出来事を実際に体験し事情を知っている遺言者本人は廃除時にはすでに死亡しているのに対して、被廃除者は存命であることから、被廃除者の供述により廃除事由が認定されないこともままあり、遺言による廃除における立証は、極めて難しいのが実情である。

(4) 推定相続人を廃除する遺言作成時の留意点　そのため、廃除の遺言を作成する際には以下の点に留意する必要がある。

第 1 に、廃除事由の裏付けをとり、その証拠を確保する必要がある。たとえば、暴行を受けたときの診断書、写真、引き出された預金通帳

の明細等、客観証拠をできる限り確保し、これを遺言執行者が保管する必要がある。

　第2に、客観的に証拠から裏付けられる非行事実を精査し、その事実を家庭裁判所における審理において必要な程度に具体的な廃除事由として適宜要約して記載し、かつ廃除する旨の意思表示を明確に記載する必要がある。もっとも、廃除事由を遺言書そのものに記載することが望ましくない場合もあるし、廃除事由が大部にわたる場合も考えられる。この場合、廃除事由の詳細については、別途、宣誓認証により、被相続人に宣誓供述書を作成してもらうことも有用である。

　第3に、ケースによっては、生前廃除を検討し、あるいは廃除以外の方法で遺留分対策を行うことも視野に入れるべきである。

6　遺言執行者の指定

> 第○条　遺言者は、この遺言の遺言執行者として、次の者を指定する。
> 　　住　　所
> 　　職　　業　弁護士
> 　　氏　　名　□□□□
> 　　生年月日
> 2　遺言執行者は、この遺言に基づく不動産に関する登記手続並びに預金等の金融資産の名義変更、解約、払戻しおよび貸金庫の解扉・解約その他この遺言の執行に必要な一切の行為をする権限を有する。

(1) 遺言の執行　　遺言の執行とは、遺言の内容を法的に実現する行為である。

　遺言のうちには、たとえば、未成年後見人の指定（民839条）のように、その効力の発生と同時に、当然にその内容が実現されるものもある。他方、財産を処分して一定金額を遺贈（民964条）する場合などは、遺言の効力が生じても、その内容は当然に実現されず、必要な事務手続を経て初めてその内容が実現される。後者を行うのが遺言の執行であり、これを行うのが遺言執行者である。

(2) 遺言執行者の指定　遺言者は、遺言で、1人または数人の遺言執行者を指定し、またはその指定を第三者に委託することができる（民1006条）。遺言事項ごとに遺言執行者を指定することもできるが、遺言執行者および遺言の執行対象となる財産の関係者のことを考慮して、遺言執行者の権限は、遺言内容に即して具体的に記載するのが相当である。

(3) 主な遺言執行行為　遺言執行は、遺言者による場合と相続人による場合とがある。認知（民781条2項、戸籍64条）と、相続人の廃除およびその取消しの請求（民893条・894条）は、必ず遺言執行者によるべきことが法律上要求されているが、それ以外は相続人が執行しても良い。

　その他の主な遺言執行行為としては遺贈の執行が挙げられる。特定財産の遺贈は、物権的効力があり、遺言の効力の発生と同時に、受遺者に権利が移転する。遺言執行者は、不動産については所有権移転登記手続および引渡しを、動産については引渡しを、預金その他の指名債権については対抗要件としての債務者への通知のほか、預金通帳その他の証書の引渡しなどを執行行為として行う。他方、不特定物の遺贈は、債権的効力が生じ、たとえば、現金を遺贈する場合には、銀行預金を払い戻し、あるいは財産を換価処分するなどして、現金を受遺者に交付することになる。

　問題は、特定の不動産を特定の相続人に「相続させる」旨の遺言がある場合である。この点、最判平成11・12・16民集53巻9号1989頁は、「不動産取引における登記の重要性にかんがみると、相続させる遺言による権利移転について対抗要件を必要と解すると否とを問わず、〔当該相続人〕に当該不動産の所有権移転登記を取得させることは、民法1012条1項にいう『遺言の執行に必要な行為』にあたり、遺言執行者の職務権限に属するものと解するのが相当である」としながら、「登記実務上、相続させる遺言については不動産登記法27条により相続人が単独で登記申請をすることができるとされているから、当該

不動産が被相続人名義である限りは、遺言執行者の職務は顕在化せず、遺言執行者は、登記手続をする権利も義務も有しない」とした。他方で、同判例は、「相続人への所有権移転登記がされる前に、他の相続人が自己名義に所有権移転登記をしたため、遺言の実現が妨害される状態が出現したような場合には、遺言執行者は、遺言執行の一環として、その妨害を排除するため所有権移転登記の抹消登記手続を求めることができ、さらには、〔当該不動産の相続人〕への真正な登記名義の回復を原因とする所有権移転登記手続を求めることもできる」旨判示している。

【 *Answer* 】

本件のX会長の遺言は、内縁の妻に対する遺贈、認知、廃除と、遺言の効力が生じた後に、遺言をめぐって相続人や受遺者との間での相続争いが容易に予想できる遺言である。そのため、遺言作成の時点において、そのような争いをあらかじめ予想し、慎重に遺言を作成しなければならない。

また、本件では、遺言執行者の指定が鍵になる。本件では、認知、廃除という遺言執行者によることが明文で要求されている遺言執行事項があるため、遺言執行者の指定は必須である。紛争解決の困難性にかんがみれば、これを素人が行うことは無理であり、弁護士を遺言執行者として選任しておく必要があるだろう。そして、遺言執行者に指定された弁護士は、予想される紛争、特に、廃除について、それに備える十分な準備が必要であろう。

◀ 相続法改正 ▶ 相続の効力等に関する見直し

最判平成 14・6・10 判時 1791 号 59 頁は、最判平成 3・4・19 民集 45 巻 4 号 477 頁を引用し、特定の遺産を特定の相続人に「相続させる」旨の遺言は、特段の事情のない限り、何らの行為を要せずに、被相続人の死亡の時に直ちに当該遺産が当該相続人に相

続により承継されるから、「相続させる」旨の遺言による権利の移転は、法定相続分または指定相続分の相続の場合と本質において異なることはないとした上で、法定相続分または指定相続分の相続による不動産の権利の取得については、登記なくして第三者に対抗できる以上（最判昭和38・2・22民集17巻1号235頁、最判平成5・7・19判時1525号61頁）、「相続させる」旨の遺言による不動産の権利の取得についても、登記なくして第三者に対抗できるとします。

　しかし、この結論は、遺贈について、その登記をするのでなければ、その所有権をもって、相続人から当該不動産を目的として抵当権の設定を受け、その登記をした抵当権者に対抗することができない（東京高判昭和34・10・27判時210号22頁）とされ、協議分割について、相続財産中の不動産につき、遺産分割により権利を取得した相続人は、登記を経なければ、分割後に当該不動産につき権利を取得した第三者に対し、法定相続分をこえる権利の取得を対抗することができない（最判昭和46・1・26民集25巻1号90頁）とされていることとの均衡を欠き、遺言の有無および内容を知りえない相続債権者・債務者の利益や第三者の取引の安全を害し、登記制度や強制執行制度の信頼を害するとの批判がありました。

　そこで、平成30年相続法改正では、相続による権利の承継の効力を見直し、（「相続させる」旨の遺言を含む）相続による権利の承継は、遺産の分割によるものかどうかにかかわらず、法定相続分を超える部分については、登記、登録その他の対抗要件を備えなければ、第三者に対抗することができないとしました（改正民899条の2参照）。

第4章 ● 遺言

III 夫婦の遺言 ── 将来取得予定の財産を「相続させる」遺言・予備的遺言

Case

仕事を引退し年金生活の夫Xと、専業主婦の妻Yは、将来のことを考え互いに遺言を残すことを希望しています。

主な資産は、Xは自宅の土地建物を、Yは親から相続した収益物件のアパートの土地建物を各々所有しています。

XY夫婦の長男Aは妻と死別後、Aの子CとともにXYと自宅で同居し、長女Bは独身でアパートの1室に住みその管理をし、Yは賃料の一部を管理報酬としてBに支払っています。

XYとしては、互いに独り身になったときに住む場所と生活のための収入を確保したいと考え、夫婦の一方が亡くなったときは、他方が自宅とアパートの両方を一旦所有したいと考えていますが、最終的には、自宅はA、将来は孫Cに継いでもらい、アパートはBに相続させたいと考えています。ただし、AとBとは仲が良くないので、XもYも亡くなった後、兄弟で争いにならないよう望んでいます。

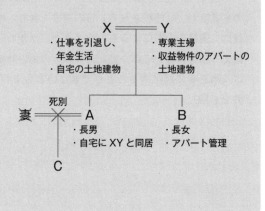

ノボル：先ほど相談された XY ご夫婦は互いに思い合っていて仲の良いご夫婦でしたね。
　　　ところで、X は自宅を Y に、Y はアパートを X に相続させる遺言を互いに残すとして、今の時点で、夫婦のどちらかが最終的に自宅を A に、アパートを B に残すという遺言を残すことは可能なのでしょうか。たとえば、X が死亡し、Y が自宅を相続した時点で、改めて Y が A に自宅を相続させる旨の遺言を作成する必要があるのでは？

兄　弁：おいおい、そんなことも知らないのか。遺言書の作成時に将来特定の財産を取得することが予測され、これを相続させようとする者が確定しているのであれば、将来取得する予定の財産を「相続させる」遺言も可能だよ。

ノボル：すみません、勉強不足でした。でも、将来取得する財産も遺言可能ならご夫婦は安心ですね。将来、どちらかが亡くなった時点では、相手もご高齢で、必ずしも遺言ができる状態とは限りませんし。

兄　弁：それだけで本当に安心なのかな。ご夫婦は、A と B の不仲を気にしていたよね。A には子 C がいるだろう。XY より A が先に死亡した場合はどうなるの？

ノボル：それは C が A の地位を代襲相続するので問題がないと思うのですが……。あっ、違いました、判例は、遺言について代襲を否定しているのですよね。

兄　弁：そのとおり。A に相続させるつもりだった財産をめぐって B と C とで争いが生じてしまうおそれがある。そのために、予備的遺言をしておく必要があるね。

Check List

□遺言者が将来取得予定の財産を相続させる遺言をすることはできるのか［→ **1**］
□遺言者死亡以前に相続人等が死亡した場合について、当該財

産をどうするかについて、遺言者に確認したか（代襲者等に対して予備的遺言をする意思があるかどうか）[→ **2**]

[解説]

1 将来取得予定の財産を「相続させる」旨の遺言

> 第○条　遺言者が、遺言者の妻○○○○から、下記不動産の所有権を取得していたときは、当該不動産を、遺言者の長男□□□□（生年月日）に相続させる。

　遺言者が相続開始時に有するすべての財産は遺言の対象となるところ、遺言作成時と相続開始時とでは財産関係に変動が生じるのが常であり、その場合、「遺言者の有する一切の財産を、○○○○に相続させる」とする文言等で対応するのが通常であるが、たとえば、夫婦が互いに相手方に対し全財産を「相続させる」旨の遺言をするなど、作成時に、将来特定の財産を取得することが予測され、しかも、これを相続させたい者が現時点で確定しているのであれば、将来遺言者がこの財産を取得していることを条件として、これについて「相続させる」旨の遺言をすることができる（日本公証人連合会『新版　証拠の作成と文例─遺言編〔改訂版〕』（立花書房、平成24年）35頁）。

2 予備的遺言

> 【遺贈】
> 第１条　遺言者は、遺言者の有する次の不動産を、遺言者の弟○○○○に遺贈する。
> 第２条　遺言者は、上記○○○○が遺言者の死亡以前に死亡したときは、第１条により上記○○○○に遺贈するとした不動産を、上記○○○○の子●●●●に遺贈する。

> 【「相続させる」旨の遺言】
> 第1条　遺言者は、遺言者の有する次の(1)から(3)までに記載される財産を、いずれも遺言者の長男□□□□（生年月日）に相続させる。
> 　(1)　自宅建物
> 　(2)　自宅土地
> 　(3)　預金債権
> 第2条　遺言者は、上記□□□□が遺言者の死亡以前に死亡したときは、第1条により上記□□□□に相続させるとした財産のうち、(1)記載の自宅建物及び(2)の自宅土地を、いずれも遺言者の孫△△△△に相続させ、(3)記載の預金債権を、上記□□□□の妻▽▽▽▽に遺贈する。

(1) 予備的遺言とは　　予備的遺言（補充的遺言）とは、「相続人に相続させる」あるいは「受遺者に遺贈する」とする主位的遺言に対し、「相続人又は受遺者が遺言者の死亡以前（同時死亡も含む。民32条の2参照）に死亡した場合」、「相続人が相続放棄をした場合」あるいは「受遺者が遺贈の放棄をした場合」に備えて、これらを停止条件として予備的にする遺言である。

(2) 遺言者死亡以前に受遺者が死亡した場合の予備的遺言　　遺贈は、遺言者の死亡以前に受遺者が死亡したときは、その効力を生じない（民994条1項）。遺贈は相続ではないから、当然代襲相続の余地はない。したがって、主位的遺言の受遺者の相続人に対して遺贈したい場合には、予備的にその者に対して遺贈する旨の遺言（予備的遺贈）が必須となる。なお、予備的遺贈の受遺者は必ずしも主位的遺言の受遺者の相続人に限られず、全くの第三者でも良い。

(3) 「相続させる」旨の遺言に対する予備的遺言　　これに対し、「相続させる」旨の遺言では、遺言者の死亡以前に相続人が死亡した場合の効力について、遺贈のような明文規定がない。この点、最判平成3・4・19民集45巻4号477頁が「相続させる」旨の遺言を相続分の指定と解したのであれば、代襲相続を認めても良いように思える。

しかし、最判平成23・2・22民集65巻2号699頁は、「当該遺言

により遺産を相続させるものとされた推定相続人が遺言者の死亡以前に死亡した場合には、当該『相続させる』旨の遺言に係る条項と遺言書の他の記載との関係、遺言書作成当時の事情及び遺言者の置かれていた状況などから、遺言者が、上記の場合には、当該推定相続人の代襲者その他の者に遺産を相続させる旨の意思を有していたとみるべき特段の事情のない限り、その効力を生ずることはないと解するのが相当である」として、「相続させる」旨の遺言が相続なのか遺贈なのかという法的性質論ではなく、遺言者の意思解釈から代襲相続を否定した。

このように、判例は、「相続させる」旨の主位的遺言については、特段の事情がない限り代襲相続を認めないため、代襲者に相続させるためには、別途、予備的遺言をしておく必要がある。なお、予備的遺言により財産を受け取る者は、主位的遺言の相続人の代襲者に限らず、全くの第三者でも良い。

(4) 相続の放棄ないし遺贈の放棄に備える予備的遺言　　相続の放棄をした者は、その相続に関しては、初めから相続人とならなかったものとみなす（民939条）。遺贈の放棄は、遺言者の死亡の時にさかのぼってその効力を生ずる（民986条2項）。遺言者は、このような場合に備えて、予備的遺言をすることもできる。

【 *Answer* 】

本件で、XY夫婦の希望を実現するための遺言条項は以下のとおりとなる（なお、長女BはBは独身で代襲相続人がいないから、BがXYの死亡以前に死亡した場合は想定していない）。将来、XYのどちらかが死亡した時点では、相手も高齢で認知症等必ずしも改めて遺言ができる状態とは限らないから、そのような場合に備えてあらかじめ将来取得する予定の財産について遺言をしておいたり、相続人間の紛争を予防するために予備的遺言をしておくことは、夫婦で遺言をする場合に極めて有用である。

【Xの遺言】
1 遺言者（X）は、［自宅土地建物］を、遺言者の妻Yに相続させる。
2 遺言者（X）は、上記Yが遺言者の死亡以前に死亡したときは、第1条により上記Yに相続させるとした［自宅土地建物］を、遺言者の長男Aに相続させる。
3 遺言者（X）は、上記Aが遺言者の死亡以前に死亡したときは、第2条により上記Aに相続させるとした［自宅土地建物］を、遺言者の孫Cに相続させる。
4 遺言者（X）が、遺言者の妻Yから、［アパート土地建物］の所有権を取得していたときは、当該不動産を、遺言者の長女Bに相続させる。

【Yの遺言】
1 遺言者（Y）は、［アパート土地建物］を、遺言者の夫Xに相続させる。
2 遺言者（Y）は、上記Xが遺言者の死亡以前に死亡したときは、第1条により上記Xに相続させるとした「アパート土地建物」を、遺言者の長女Bに相続させる。
3 遺言者（Y）が、遺言者の夫Xから、［自宅土地建物］の所有権を取得していたときは、当該不動産を、遺言者の長男Aに相続させる。
4 遺言者（Y）は、上記Aが遺言者の死亡以前に死亡したときは、第3条により上記Aに相続させるとした［自宅土地建物］を、遺言者の孫Cに相続させる。

第4章 ● 遺言

IV 事業者の遺言──特別受益者の持戻し免除の意思表示・事業承継における遺留分対策

Case

甲会社の経営者Xから事業承継をするための遺言の相談がありました。

Xの家族は、妻Y、長男Aおよび次男Bの4人ですが、Xは、事業をAに引き継がせるため、X保有の甲会社の株式および本社土地建物等、事業に関わる財産をAに贈与しました。

しかし、Bは、Xに対しては素直なのですが、Aとはあまり仲が良くなく、Xの死後、BはAに対し遺留分を主張することも考えられるため、遺言で対策をしたいと思っています。

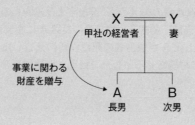

・・・

兄　弁：中小企業のオーナーにとって事業承継は切実な問題だね。事業に関わる財産を後継者に残すための遺言としては、どのような点に気をつけるべきだろう。

ノボル：遺言で、特別受益の持戻し免除をすることが考えられます。

兄　弁：持戻しの免除は、他の相続人の遺留分を害さない限度でしか認められないよね。

ノボル：その場合、Bに事前に遺留分について放棄してもらうか、遺留分減殺の順序について別段の意思表示を遺言でしておくなどの工夫が必要ですね。

　　　　　事業用財産を換価しないと遺留分相当額を填補できないことになると厳しいのですが……。
兄　弁：遺言以外でも、BもXのいうことは聞くようだから、中小企業経営承継円滑化法の遺留分特例を使ってみることは考えられないかな。
ノボル：あの特例は、実際にはほとんど活用されていないと聞いているのですが……。
兄　弁：円滑化法の民法特例は、推定相続人以外の後継者に対しても適用範囲が拡大されているよ。また、平成30年度の税制特例で、円滑化法上の贈与税・相続税の納税猶予制度の拡充が図られたことは知っているかな。自社株について、事業を継続する限り、実質的に税負担がゼロになるんだ。風向きが変わるかもしれないよ。
ノボル：えっそうなんですか？　すぐに勉強しなくちゃ。

Check List
□事業承継にあたり、事業用資産の贈与の持戻しを免除する遺言を検討したか［→ 1］
□なぜ事業承継にあたり、遺留分対策が必要となるのか［→ 2］
□事業承継にあたり、遺留分の事前放棄を検討したか［→ 3］
□事業承継にあたり、遺留分減殺の順序等に関し、遺言にて別段の意思表示をすることを検討したか［→ 4］
　　□遺留分減殺の順序について確認したか
　　□遺言によって、遺贈より贈与を先に減殺すべきとする遺言を作成できるか
　　□「相続させる」遺言の場合の遺留分の減殺の順序はどう考えるか
□事業承継にあたり、遺言以外の方法として、中小企業円滑化法上の遺留分に関する民法の特例の利用を検討したか［→ 5］
□事業承継にあたり、改正事業承継税制の活用を検討したか

> (後継者の納税負担分を、他の相続人の遺留分の補填に使えないか)[→ **6**]

[解説]

1 特別受益に関する意思表示

【文例1】

> 第○条 遺言者が遺言者の長男A（生年月日）に対し贈与した甲会社の株式及び甲会社本社の土地及び建物については、民法903条1項に規定する相続財産の算定にあたっては、上記贈与に係る当該株式及び土地建物の価格は相続財産の価格に加えないものとする。

【文例2】

> 第1条 遺言者は、遺言者の妻Y（生年月日）に対し次の不動産を相続させる。
> 第2条 遺言者の相続財産について、共同相続人間で遺産分割をする場合、前項の相続財産の持戻しを免除する。

(1)特別受益とは 各相続人の具体的相続分を算定するにあたり、共同相続人中に、被相続人から遺産の前渡しとみられるような生前贈与や遺贈を受けているときは、これらの利益（特別受益）を度外視して相続分を算定すると、特別受益を受けた者（特別受益者）は二重に遺産を受け取ることとなり衡平を欠くし、被相続人の意思にも反する。そこで、民法は、上記算定にあたり、特別受益者に対し、特別受益の持戻しを命じている。

すなわち、共同相続人中に遺贈を受け、または婚姻もしくは養子縁組のためもしくは生計の資本として贈与を受けた者があるときは、被相続人が相続開始の時において有した財産の価額（遺贈の価格はこれに含まれる）に当該各贈与の価額を加えたものを相続財産とみなし

（みなし相続財産）、法定相続分または指定相続分に従い算定した相続分の中からその者の受けた遺贈ないし贈与の価額を控除した残額をもってその者の相続分とした（民903条1項）。

たとえば、相続人は妻、長女Aおよび長男B、被相続人が相続開始の時において有した財産は3000万円である場合に、妻は1000万円の遺贈を受け、長女Aは結婚の支度金として1000万円を生前贈与されていたときは、みなし相続財産は、（財産総額3000万円（遺贈1000万円はこれに含まれる）＋贈与1000万円＝）4000万円となり、法定相続分に従うと、妻はみなし相続財産の2分の1である2000万円から遺贈1000万円を控除した1000万円、Aはみなし相続財産の4分の1である1000万円から生前贈与1000万円を控除することにより0円、Bはみなし相続財産の4分の1である1000万円が、各々の具体的相続分となる。

遺贈または贈与の価額が、相続分の価額に等しく、またはこれを超えるときは、受遺者または受贈者は、その相続分を受けることができない（民903条2項）が、右超過額を返還する必要もない。かかる場合には通常、被相続人は受贈者たる相続人に超過額だけの特別利益を与える意思を有するものと推測すべきだからである（高松家丸亀支審昭和37・10・31家月15巻5号85頁）。

贈与の価額は、受贈者の行為によって、その目的である財産が滅失し、またはその価格の増減があったときであっても、相続開始の時においてなお原状のままであるものとみなしてこれを定める（民904条）。ただし、「受贈者の行為によ」らない不可抗力による滅失の場合はゼロと評価される。

（2）被相続人の持戻し免除の意思表示　特別受益者の持戻し（民903条1項・2項）は、共同相続人間の衡平を図るとともに、被相続人の通常の意思の推測に基づくものだから、被相続人がこれと異なった意思を表示したとき、すなわち持戻しを免除する意思表示をしたときは、遺留分に関する規定に違反しない範囲でその意思表示に従うこと

になる（民903条3項）。【文例1】は、生前贈与に対する持戻し免除の文例である。

　事業承継において、後継者たる相続人に事業用の資産を贈与するにあたり、遺言でこのような持戻し免除の意思表示をしておけば、当該贈与が特別受益として他の相続人から持戻しを主張されることを防ぐことができ、後継者への事業用財産の承継を一定程度円滑にすることが可能となる（ただし、遺留分の問題はなお残る）。

（3）相続財産の一部のみを「相続させる」旨の遺言と特別受益の持戻し　　遺言者の中には、全財産のうち、特定の財産のみを特定の相続人に「相続させる」旨遺言し、残余財産については共同相続人の遺産分割協議に委ねる者もいる。この場合、この「相続させる」旨の遺言により特定の相続人が受ける利益が持戻しの対象となるのかが問題となる。この点、被相続人の意思が、当該特定の相続人に対し当該特定の遺産を帰属させたい意思は明確であるが、これについて持戻し免除の意思まであるかは結局、個々の事情を前提に遺言意思の解釈によらざるを得ない。裁判例の中には、衡平の観点から、「相続させる」旨の遺言に903条1項を類推適用するものもあるが（山口家萩支審平成6・3・28家月47巻4号50頁、広島高岡山支決平成17・4・11家月57巻10号86頁）、常に類推されるとは限らない。あいまいさを回避するためには、【文例2】のように、相続財産の一部についてのみ遺言する場合は、「相続させる」旨の遺言についても、持戻し免除の意思表示を明確にしておくべきである。

（4）遺留分を侵害する持戻し免除の意思表示の効果　　被相続人の持戻し免除の意思表示は、遺留分に関する規定に違反しない範囲内で、その効力を有する（903条3項）が、遺留分に関する規定に違反しても、当然に無効ではなく、遺留分減殺請求権の行使の対象となる。持戻し免除の意思表示が遺留分減殺請求により減殺された場合、当該贈与にかかる財産の価格は、上記意思表示が遺留分を侵害する限度で、遺留分権利者である相続人の相続分に加算され、当該贈与を受けた相

続人の相続分から控除される（最決平成 24・1・26 判時 2148 号 61 頁）。

2　遺留分制度の意義と事業承継における遺留分対策の必要性

　私有財産制のもとでは、被相続人は自己の財産を自由に処分することができるが、他方で、相続人の生活の保障および被相続人の財産形成に寄与した潜在的持分の清算という相続制度の機能にかんがみると、かかる自由も無制約とすることはできない。そこで、被相続人の処分の自由と相続人の保護との調和のため、相続財産の一定割合を一定の相続人に留保したのが遺留分制度である。

　問題は、この遺留分制度が、事業承継にあたっての大きな障害となることである。

　すなわち、遺留分の算定（民 1029 条 1 項）にあたっては、特別受益も持戻しの対象となるが（民 1044 条による民 903 条の準用）、遺留分制度の趣旨から、被相続人が特別受益につき持戻し免除の意思表示をしていた場合であっても、上記価額は遺留分算定の基礎となる財産額に算入される（前掲最決平成 24・1・26）。しかも、贈与の価額の基準時は相続開始時だから（民 1044 条による民 904 条の準用）、相続までに生前贈与した自社株の価値が上昇すると、遺留分の価額が想定外に高額となり、後継者に集中させるべき自社株式を分散せざるをえなくなるなど、円滑な事業承継が阻害されるリスクがある。そこで、事業承継にあたっては、遺留分に対する対策が必須となる。

3　遺留分の事前放棄

　最もシンプルな対策は、遺留分権利者に相続開始前に遺留分の放棄をしてもらうことである（民 1043 条）。遺留分を放棄するには、各相続人が個別に家庭裁判所の許可を受ける必要があり負担が大きいこと、許可・不許可の判断が裁判所ごとに区区になる可能性があることなどから、実際上、自社株式の分散防止対策としては利用しにくいともいわれるが、後述の遺留分の民法特例の利用実績が芳しくないことにか

んがみると、簡易な手段として検討することも有用である。

4　遺留分減殺についての別段の意思表示

> 第1条　遺言者は、遺言者の有する別紙不動産目録1記載の不動産を、妻Y（生年月日）に相続させる。
> 第2条　遺言者は、前項の不動産を除く、別紙不動産目録2及び3記載の不動産を含む遺言者の有する一切の財産を、長男A（生年月日）に相続させる。
> 第3条　遺言者は、遺留分の減殺は、先ず前条により長男A（生年月日）に相続させる財産から、そのうち不動産以外の財産からすべきものと定める。

(1) 遺留分減殺の順序　遺留分の減殺の順序は、まず遺贈が、次いで贈与が減殺される（民1033条）。

遺贈が複数の場合は、遺贈全体について価格の割合に応じて減殺される（民1034条）。贈与が複数のときは、新しい贈与から順に減殺される（民1035条）。

(2) 遺留分減殺についての別段の意思表示　贈与より遺贈を先に減殺すべきとしたのは、減殺による影響をなるべく小さくという配慮から、すでに生前に効力が生じている贈与よりも、相続時に初めて効力が生じる遺贈を先に減殺しようとするものであり、民法1033条は、強行規定と解されている。したがって、遺贈より贈与を先に減殺すべきとする遺言はなしえない。

これに対して、遺贈が複数の場合、その目的の価額の割合に応じて減殺するのが原則であるが、遺言者は、遺言によって、この原則とは異なる減殺の相手方および対象物の順序を定めることができる（民1034条ただし書）。なお、「相続させる」旨の遺言も、遺留分を侵害するという意味では遺贈と変わりがないから、遺贈に対する遺留分の諸規定は、性質に反しない限り「相続させる」旨の遺言にも類推適用されるといってよい。この場合、遺贈と「相続させる」旨の遺言とは、

減殺の順序において、同順序とすべきである。上記文例は、「相続させる」旨の遺言に対し減殺をする相手方および対象物の順序を定めたものである。

このように、遺留分減殺の相手方ないし対象物の順序を定める遺言をすることにより、事業承継に必要な資産を後継者相続人に残すことができる可能性を高めることができる。

(3) 民法 1034 条の目的の価額　なお、「相続人に対する遺贈が遺留分減殺の対象となる場合においては、右遺贈の目的の価額のうち受遺者の遺留分額を超える部分のみが、民法 1034 条にいう目的の価額にあたるものというべきである。けだし、右の場合には受遺者も遺留分を有するものであるところ、遺贈の全額が減殺の対象となるものとすると減殺を受けた受遺者の遺留分が侵害されることが起こりうるが、このような結果は遺留分制度の趣旨に反すると考えられるからである。そして、特定の遺産を特定の相続人に相続させる趣旨の遺言による当該遺産の相続が遺留分減殺の対象となる場合においても、以上と同様に解すべきである」とされる（最判平成 10・2・26 民集 52 巻 1 号 274 頁）。

5　中小企業円滑化法上の遺留分に関する民法の特例

(1) 遺留分に関する民法の特例　事業承継における具体的な遺留分対策として平成 21 年 3 月 1 日に施行されたのが、「中小企業における経営の承継の円滑化に関する法律」（以下「円滑化法」という）の遺留分に関する民法の特例である（円滑化法 2 章）。

当該特例は、先代経営者（旧代表者）を被相続人とする相続における遺留分の算定において、後継者となるべき者を含む推定相続人（ただし、兄弟姉妹およびこれらの者の子を除く）全員の書面による合意により、次の①②の内容の定めをすることができ（円滑化法 4 条 1 項・5 条・6 条 2 項）、当該合意は、経済産業大臣の確認（円滑化法 7 条）および家庭裁判所の許可（円滑化法 8 条）を受けることによりその効力

を生じるものとした。

①後継者が旧代表者からの贈与等により取得した株式等について、遺留分を算定するための財産の価額に算入しないこと（除外合意。円滑化法4条1項1号）
②後継者が旧代表者からの贈与等により取得した株式等について、遺留分を算定するための財産の価額に算入すべき価額を合意の時における価額とすること（固定合意。円滑化法4条1項2号）

①は、贈与された自社株式等が遺留分の主張の対象から除外されることにより、相続にともなって自社株式が分散するのを防止でき、②は、自社株式の価額が合意時の金額に固定されるため、相続時にこれが上昇していても、後継者は想定外の遺留分の主張を受けることがなくなるという意味で、事業承継の円滑化に資する。

(2) 平成27年度円滑化法改正　もっとも、当該特例の利用が確認されたのは、平成21年3月1日の施行から平成28年3月末までの約7年間を通算して117件であり、その利用実績は芳しくない。平成27年度の円滑化法改正では、対象が親族内承継に限定されている遺留分特例制度について、親族外承継の際にも適用できるよう制度が拡充され、当該制度の利用を促進するように手当てがなされている。

6　事業承継税制の改正

　事業承継の円滑化のため、円滑化法の施行とほぼ同時に施行されたのが、非上場株式に係る相続税・贈与税の納税猶予制度、いわゆる事業承継税制である（租税特別措置法70条の7・70条の7の2）。事業承継税制は、後継者である受贈者・相続人等が、円滑化法の認定を受けている非上場会社の株式等を贈与または相続等により取得した場合において、その非上場株式等に係る贈与税・相続税について、一定の要件のもと、その税を猶予し、後継者の死亡等により、納税者が猶予されている贈与税・相続税の納付が免除される制度である。

　平成30年度税制改正では、この事業承継税制について、これまで

の措置（一般措置）に加え、10年間の措置として、納税猶予の対象となる非上場株式等の制限の撤廃や、納税猶予割合の引上げ等の特例措置が創設された。具体的には、納税猶予の対象となるのは、一般措置では総株式数の3分の2まで（特別決議に必要な株式数）であるのに対して、特例措置では全株式が対象となり、納税猶予割合についても、一般措置では贈与税は100％、相続税は80％であるのに対し、特例措置では贈与税、相続税とも100％となる。すなわち、一般措置では、贈与税は総株式価額の約67％、相続税は53％しか節税効果がないのに対し、特例措置では、100％となり、事業承継における非上場株式の税負担がゼロになるということである。このことにより、非上場株式を後継者に円滑に譲与することが期待でき、遺留分との関係でも、税負担分を遺留分に回すことができ、遺留分対策にも資することとなる。

【 *Answer* 】

　昨今の中小企業における後継者不足は深刻な課題であり、事業承継をどのように行うかについては、弁護士にとっても相談されることが多い事案の1つであると考えられる。特に遺留分については、事業承継にあたりこれをいかに回避すべきかについての正確な法的知識と制度の理解が不可欠である。

　現実的な事業承継の方法としては、平成30年度事業承継税制改正により、自社株の贈与税・相続税の税負担が実質ゼロになったことに加え、後述のコラムで述べる平成30年相続法改正で、遺留分の算定にあたり持ち戻すことができる特別受益が10年前までに限定されたことにかんがみると、できるだけ早期に、生前贈与により、自社株等を後継者に移転する方法が採用されていくようになると考えられる。

◀ 相続法改正 ▶ 遺留分制度の見直し

1　遺留分減殺請求権の金銭債権化

　遺留分減殺請求権（民1031条）の法的性質については、「遺留分権利者の減殺請求により贈与または遺贈は遺留分を侵害する限度において失効し、受贈者または受遺者が取得した権利は右の限度で当然に減殺請求をした遺留分権利者に帰属する」と、物権的効果を有するとするのが判例（最判昭和51・8・30民集30巻7号768頁）です。

　しかし、その結果、遺贈等の目的財産の多くが受遺者等と遺留分権利者との共有となり、共有関係の解消をめぐり新たな紛争を生じさせるなどの問題点が指摘されてきました。

　他方、遺留分権利者の生活保障や潜在的持分の清算等の遺留分制度の目的を達成するには、必ずしも物権的効果まで認める必要性はなく、遺留分侵害相当額の返還で足りるとも考えられます。

　そこで、平成30年相続法改正では、「遺留分権利者及びその承継人は、受遺者又は受贈者に対し、遺留分侵害額に相当する金銭の支払を請求することができる」と、遺留分減殺請求権から生ずる権利を遺留分侵害額請求権として金銭債権化することとしました（改正民1046条）。この改正により、遺留分減殺請求権の行使により共有関係が当然に生ずることを回避するとともに、遺贈や贈与の目的財産を受遺者等に与えたいという遺言者の意思を尊重することができ、円滑な事業承継が期待できることになります。

2　遺留分の算定方法の見直し

　遺留分の算定（民1029条1項）にあたっては、特別受益にあたる贈与は期間の限定なくすべて持戻しの対象となります（民1044条による民903条の準用）。

　これに対して、平成30年相続法改正では、特別受益にあたる贈与について、相続開始前10年間にされたものに限って算入するとし、その範囲を限定しました（改正民1044条3項）。この改正により、できるだけ早期に事業用財産を贈与しておけば、相続時に遺留分を主張する可能性が低くなるため、円滑な事業承継に対する効果が期待できます。

事項索引

あ行

遺言事項…177
遺言事項法定主義…177
遺言執行者…186
遺言能力…168
遺言の執行…186,187
遺言の成立要件…161
遺言の方式違背…166
遺言無効確認調停…159
遺言無効確認の訴え…159
　　――の訴訟物…160
　　――の当事者適格…159
　　――の要件事実…161
遺産確認の訴え…31,32
遺産の一部分割…33,42
遺産の評価の基準時…36
遺産分割協議書…40
遺産分割の前提事項…6,7
遺産分割の前提問題…7
遺贈…59,179
　　――と寄与分…77
　　――の効力…181
　　――の取消…182
　　――の放棄…181
　　――の無効…181
遺贈義務者…180
遺族給付…28
一部譲渡…82
一身専属権…27
遺留分…90,201
　　――に関する民法の特例…203
　　――の減殺の順序…202
　　――の算定方法の見直し…206
　　――の事前放棄…201
遺留分減殺請求…90
遺留分減殺請求権の金銭債権化…206
遺留分減殺についての別段の意思表示
　　…202
遺留分侵害額…97

か行

押印…167
外国人の相続…49
価額弁償…112
家事従事型…74
株式…30
可分債権…28
仮分割の仮処分…33
換価分割…43
鑑定…38
共同相続人の複数からの委任…5
共有物分割請求…72
共有分割…44
居住（在留）証明書…53
寄与分の評価の基準時…37
金銭等出資型…74
口授…167
具体的相続分…40
兄弟姉妹の相続分…39
契約上の地位…27
限定承認…126
検認…10
検認済証明書…11
現物分割…43
公正証書遺言の方式…167
国債…30
国際裁判管轄…51
戸籍の焼失・消失…17
婚姻または養子縁組のための贈与…59

さ行

祭祀財産…27
再代襲相続…18
サイン証明書…54
参与員…38
事業承継税制…204
時効…94
死後認知…37

事実上の相続放棄…138
自書…166
自書能力…164
使途不明金…31
自筆証書遺言の自書性…163
自筆証書遺言の方式…166
自筆証書遺言の方式緩和…172
死亡退職金…28
借地権の譲渡…61
受遺者…180
住民登録証明書…53
熟慮期間…124
　　――の起算点の繰下げ…152
熟慮期間伸長の申立て…124
準拠法…49
条件付遺贈…180
証人2人以上の立会い…167
将来取得予定の財産を「相続させる」旨の遺言…192
署名証明書…54
推定相続人の廃除…20, 184
生計の資本としての贈与…60
生死不明者…21
生前贈与…59
生前贈与と寄与分…77
先決問題…50
宣誓供述書…53, 54
選定住所（ドミサイル）…50
専門委員…38
相続欠格…20
相続財産管理人…144
「相続させる」旨の遺言…31, 178
相続統一主義…50
相続人の範囲…17
　　――の調査…17
相続分割主義…50
相続放棄…126

た行

胎児…19
代襲相続…18, 63
代襲相続人…72
代償財産…30
代償分割…43

段階的進行モデル…12
単純承認…126
弔慰金…28
調停に代わる審判…42
賃料債権…30
賃料相当額…62
動産…38
投資信託…29
特定遺贈…180
特別寄与者…78
特別受益…198
　　――の評価の基準時…37
　　――の持戻し…198
特別代理人…41
特別の寄与…73
土地・家屋名寄帳…8, 27
取戻権…84

な行

認知…183
認知能力…183

は行

配偶者の相続分…38
廃除事由…184
長谷川式簡易知能評価スケール…171
非上場株式…38
非嫡出子…39
　　――の相続分…39
筆跡の同一性…164
不在者財産管理人…21, 22
負担付遺贈…180
不動産…8
　　――の調査…8
不動産賃借権…27
不当利得返還請求…72
扶養型…74
プロベイト（Probate）…52
包括遺贈…180
法定相続情報証明書…9, 10
法定相続情報証明制度…17
法定単純承認…127
法務局における遺言書の保管制度…172
保険金…27

保険金請求権…63

ま行
みなし相続財産…199
持戻し義務…63
持戻し免除…97
持戻し免除の意思表示…66,199

や行
行方不明者…21

養子縁組と相続人…19
預貯金…8,29,32
　　——の調査…8
予備的遺言…192

ら行
利益相反…5
利息…29
療養看護型…74

判例索引

大正
大判大正 4・7・3 民録 21 輯 1176 頁…167
大決大正 5・6・1 民録 22 輯 1127 頁…166
大判大正 5・11・8 民録 22 輯 2078 頁…181
大判大正 6・5・18 民録 23 輯 831 頁…20

昭和元〜40年
大決昭和 2・9・17 民集 6 巻 501 頁…159
大判昭和 5・4・26 民集 9 巻 427 頁…127
大判昭和 7・5・11 民集 11 巻 106 頁…19
大判昭和 13・2・26 民集 17 巻 275 頁…94
大判昭和 17・10・23 判決全集 9 輯 36 号 2 頁…129
静岡地浜松支判昭和 25・4・27 判タ 45 号 47 頁…160
大阪高決昭和 27・6・28 家月 5 巻 4 号 105 頁…131
横浜家横須賀支審昭和 27・11・18…83
東京高決昭和 28・9・4 高民 6 巻 10 号 603 頁…83
最判昭和 29・4・8 民集 8 巻 4 号 819 頁…32
最判昭和 31・9・18 民集 10 巻 9 号 1160 頁…159
最判昭和 34・6・19 民集 13 巻 6 号 757 頁…28
東京高判昭和 34・10・27 判時 210 号 22 頁…189
最判昭和 37・6・8 民集 16 巻 7 号 1293 頁…168
最判昭和 37・6・21 家月 14 巻 10 号 100 頁…128
東京高決昭和 37・7・19 東高民 13 巻 7 号 117 頁…128
高松家丸亀支審昭和 37・10・31 家月 15 巻 5 号 85 頁…66, 199
青森家五所川原支審昭和 37・12・24 家月 15 巻 5 号 100 頁…60
最判昭和 38・2・22 民集 17 巻 1 号 235 頁…189
最判昭和 39・5・12 民集 18 巻 4 号 597 頁…165

昭和40〜63年
最判昭和 40・2・2 民集 19 巻 1 号 1 頁…28, 64
大阪家審昭和 40・3・23 家月 17 巻 4 号 64 頁…60
大阪高決昭和 40・4・22 判時 418 号 42 頁…42
福岡高決昭和 40・5・6 判タ 190 号 218 頁…37
最大決昭和 41・3・2 民集 20 巻 3 号 360 頁…7, 31
佐賀家審昭和 41・3・31 家月 18 巻 11 号 67 頁…185
最判昭和 41・7・14 民集 20 巻 6 号 1183 頁…94
最判昭和 42・4・27 民集 21 巻 3 号 741 頁…127
札幌高決昭和 43・2・15 家月 20 巻 8 号 52 頁…45
秋田家大館支審昭和 43・4・23 家月 20 巻 10 号 84 頁…185

最判昭和 43・12・20 民集 22 巻 13 号 3017 頁…168
東京家審昭和 44・2・24 判タ 243 号 313 頁…28
東京高判昭和 45・3・30 判時 595 号 58 頁…178
最判昭和 46・1・26 民集 25 巻 1 号 90 頁…189
名古屋高決昭和 46・5・25 家月 24 巻 3 号 68 頁…185
大阪高決昭和 46・12・7 判タ 289 号 404 頁…42
最判昭和 47・2・15 民集 26 巻 1 号 30 頁…159,161
最判昭和 49・12・24 民集 28 巻 10 号 2152 頁…167
大阪高決昭和 50・6・25 家月 28 巻 8 号 49 頁…125
最判昭和 50・11・7 民集 29 巻 10 号 1525 頁…84
最判昭和 51・1・16 集民 117 号 1 頁…167
最判昭和 51・3・18 民集 30 巻 2 号 111 頁…37,65,100
最判昭和 51・8・30 民集 30 巻 7 号 768 頁…115,206
最判昭和 52・6・14 集民 121 号 1 頁…167
東京高決昭和 52・10・25 判タ 399 号 130 頁…27
最判昭和 52・11・21 家月 30 巻 4 号 91 頁…166
最判昭和 53・7・13 判時 908 号 41 頁…85
最判昭和 54・5・31 民集 33 巻 4 号 445 頁…166
最判昭和 54・7・5 判時 942 号 44 頁…168
福島家白河支審昭和 55・5・24 家月 33 巻 4 号 75 頁…63
最判昭和 55・12・4 民集 34 巻 7 号 835 頁…167
最判昭和 56・9・11 民集 35 巻 6 号 1013 頁…160
最判昭和 56・12・18 民集 35 巻 9 号 1337 頁…167
最判昭和 57・3・9 判時 1040 号 186 頁…108
東京高決昭和 57・3・16 家月 35 巻 7 号 55 頁…68,73
最判昭和 59・4・27 民集 38 巻 6 号 698 頁…152
大阪高判昭和 60・12・11 家月 39 巻 1 号 148 頁…167
最判昭和 62・10・8 民集 41 巻 7 号 1471 頁…162,163,165,166

平成元～10 年
最判平成元・2・16 民集 43 巻 2 号 45 頁…167
東京高判平成元・3・27 判時 1311 号 69 頁…128
最判平成元・7・18 家月 41 巻 10 号 128 頁…27
広島地呉支判平成元・8・31 判タ 716 号 214 頁…167
東京高決平成元・12・28 判タ 762 号 172 頁…72,75
最判平成 2・9・27 民集 44 巻 6 号 995 頁…31
最判平成 2・10・18 民集 44 巻 7 号 1021 頁…27
最判平成 3・4・19 民集 45 巻 4 号 477 頁…179,188,193
最判平成 4・11・16 判タ 803 号 61 頁…116
東京高判平成 5・3・23 判タ 854 号 265 頁…166
広島高決平成 5・6・8 判タ 828 号 258 頁…37
名古屋高判平成 5・6・29 判時 1473 号 62 頁…169
最判平成 5・7・19 判時 1525 号 61 頁…189
仙台高決平成 5・7・21 家月 46 巻 12 号 33 頁…43

最判平成 5・10・19 集民 170 号 77 頁…166
山口家萩支審平成 6・3・28 家月 47 巻 4 号 50 頁…200
最判平成 6・6・24 集民 172 号 733 頁…167
最判平成 7・3・7 民集 49 巻 3 号 893 頁…62
最判平成 8・1・26 民集 50 巻 1 号 132 頁…104
東京高決平成 8・9・2 家月 49 巻 2 号 153 頁…185
最判平成 8・10・31 民集 50 巻 9 号 2563 頁…108
最判平成 9・1・28 民集 51 巻 1 号 184 頁…20
最判平成 9・2・25 民集 51 巻 2 号 448 頁…115, 116
大阪高決平成 10・2・9 判タ 985 号 257 頁…151, 152
最判平成 10・2・26 民集 52 巻 1 号 274 頁…203
最判平成 10・3・10 民集 52 巻 2 号 319 頁…113, 115
最判平成 10・3・13 判時 1636 号 44 頁…167
東京地判平成 10・4・24 判タ 987 号 233 頁…128
最判平成 10・6・11 民集 52 巻 4 号 1034 頁…93
京都地判平成 10・9・11 判タ 1008 号 213 頁…60

平成11〜20年
高松高決平成 11・3・5 家月 51 巻 8 号 48 頁…66
東京地判平成 11・9・16 判時 1718 号 73 頁…169
最判平成 11・12・16 民集 53 巻 9 号 1989 頁…187
最判平成 12・1・27 民集 54 巻 1 号 1 頁…51
東京家審平成 12・3・8 家月 52 巻 8 号 35 頁…61, 75
東京地判平成 12・3・21 判タ 1054 号 255 頁…128
最判平成 12・7・11 民集 54 巻 6 号 1886 頁…113
最決平成 12・9・7 家月 54 巻 6 号 66 頁…43
最判平成 13・3・27 判時 1745 号 92 頁…167
大阪高決平成 14・6・5 家月 54 巻 11 号 60 頁…43, 45
最判平成 14・6・10 判時 1791 号 59 頁…188
大阪高決平成 14・7・3 家月 55 巻 1 号 82 頁…131
最判平成 14・11・5 民集 56 巻 8 号 2069 頁…64
東京地判平成 15・8・28 判例集未登載…128
最判平成 16・4・20 判時 1859 号 61 頁…32
最決平成 16・10・29 民集 58 巻 7 号 1979 頁…28, 63
広島高岡山支決平成 17・4・11 家月 57 巻 10 号 86 頁…200
最判平成 17・9・8 民集 59 巻 7 号 1931 頁…30
東京高決平成 17・10・27 家月 58 巻 5 号 94 頁…64
名古屋高決平成 18・3・27 家月 58 巻 10 号 66 頁…64
大阪地判平成 18・8・29 判タ 1235 号 282 頁…166
最判平成 20・1・24 民集 62 巻 1 号 63 頁…116, 117
東京地判平成 20・11・13 判時 2032 号 87 頁…168

平成21年〜
大阪高判平成 21・6・9 判時 2060 号 77 頁…168

東京地判平成 21・9・30 判例集未登載…129
最判平成 21・12・18 民集 63 巻 10 号 2900 頁…106, 114
東京高決平成 22・5・20 判タ 1351 号 207 頁…76, 77
東京高決平成 22・8・10 家月 63 巻 4 号 129 頁…131
東京高決平成 22・9・13 家月 63 巻 6 号 82 頁…75
最判平成 22・10・8 民集 64 巻 7 号 1719 頁…32
最判平成 23・2・22 民集 65 巻 2 号 699 頁…193
最決平成 24・1・26 判時 2148 号 61 頁…99, 201
大阪高決平成 25・7・26 判時 2208 号 60 頁…66
最大決平成 25・9・4 民集 67 巻 6 号 1320 頁…39, 183
最判平成 26・2・14 家判 1 号 65 頁…83
最判平成 26・2・25 民集 68 巻 2 号 173 頁…30
大阪高判平成 26・11・28 判タ 1411 号 92 頁…168
最判平成 26・12・12 判時 2251 号 35 頁…30
仙台高判平成 27・9・16 判時 2278 号 67 頁…94
最判平成 28・2・26 民集 70 巻 2 号 195 頁…37
最大決平成 28・12・19 民集 70 巻 8 号 2121 頁…29, 32
最判平成 29・4・6 判時 2337 号 34 頁…29, 33

【編著者】

髙中正彦（たかなか・まさひこ）／弁護士（髙中法律事務所）
早稲田大学法学部卒業。昭和54年弁護士登録（31期）。
『法曹倫理』（民事法研究会、2013年）、『弁護士法概説〔第4版〕』（三省堂、2012年）、『判例弁護過誤』（弘文堂、2011年）など。

吉川　愛（よしかわ・あい）／弁護士（赤坂見附総合法律会計事務所）
慶應義塾大学法学部卒業。平成16年弁護士登録（57期）
『こんなところでつまずかない！　弁護士21のルール』（共著、第一法規、2015年）、『こんなところでつまずかない！　労働事件21のルール』（共著、第一法規、2019年刊行予定）など。
※第1章 VI～VIII 執筆

【著　者】

岡田卓巳（おかだ・たくみ）／弁護士（志賀・飯田・岡田法律事務所）
早稲田大学法学部卒業。平成17年弁護士登録（58期）
『賃貸住居の法律Q&A』（編著、住宅新法社、2013年）、『Q&Aでわかる民事執行の実務』（編著、日本法令、2013年）など。
※第1章 I～V 執筆

望月岳史（もちづき・たけし）／弁護士（望月・熊谷法律事務所）
中央大学法学部卒業。平成16年弁護士登録（57期）
『同族会社・中小企業のための会社経営をめぐる実務一切〔第2版〕』（共著、編集代表、自由国民社、2017年）、『こんなところでつまずかない！　相続事件21のメソッド』（共著、編集代表、第一法規、2018年）など。
※第4章執筆

安田明代（やすだ・あきよ）／弁護士（新樹法律事務所）
明治大学法学部卒業。平成16年弁護士登録（57期）
『企業のためのマイナンバー法実務ハンドブック』（共著、商事法務、2015年）、『離婚をめぐる相談100問100答』（共著、ぎょうせい、2016年）など。
※第2章執筆

余頃桂介（よごろ・けいすけ）／弁護士（表参道総合法律事務所）
慶應義塾大学大学院法務研究科修了。平成19年弁護士登録（60期）
「運送業界参入のための法律実務と関与のポイント」SR42号（日本法令、2016年）、『新民法対応！　事業者が知っておくべき「保証」契約Q&A』（共著、清文社、2016年）など。
※第3章執筆

【編著者】
髙中正彦　弁護士（髙中法律事務所）
吉川　愛　弁護士（赤坂見附総合法律会計事務所）

【著者】
岡田卓巳　弁護士（志賀・飯田・岡田法律事務所）
望月岳史　弁護士（望月・熊谷法律事務所）
安田明代　弁護士（新樹法律事務所）
余頃桂介　弁護士（表参道総合法律事務所）

相続のチェックポイント【実務の技法シリーズ3】

2019（平成31）年2月28日　初版1刷発行

著　者　髙中正彦・吉川　愛
発行者　鯉渕友南
発行所　株式会社　弘文堂　　101-0062　東京都千代田区神田駿河台1の7
　　　　　　　　　　　　　　　TEL 03(3294)4801　振替 00120-6-53909
　　　　　　　　　　　　　　　http://www.koubundou.co.jp
装　丁　青山修作
印　刷　三陽社
製　本　井上製本所

Ⓒ 2019 Masahiko Takanaka & Ai Yoshikawa. Printed in Japan

[JCOPY]〈(社)出版者著作権管理機構　委託出版物〉
本書の無断複写は著作権法上での例外を除き禁じられています。複写される場合は、そのつど事前に、(社)出版者著作権管理機構（電話 03-5244-5088、FAX 03-5244-5089、e-mail: info@jcopy.or.jp）の許諾を得てください。
また本書を代行業者等の第三者に依頼してスキャンやデジタル化することは、たとえ個人や家庭内での利用であっても一切認められておりません。

ISBN 978-4-335-31384-4

実務の技法シリーズ

〈OJTの機会に恵まれない新人弁護士に「兄弁」「姉弁」がこっそり教える実務技能〉を追体験できる、紛争類型別の法律実務入門シリーズ。未経験であったり慣れない分野で事件の受任をする際に何を「勘所」としておくべきかを簡潔に確認でき、また、深く争点を掘り下げる際に何を参照すればよいのかを効率的に調べる端緒として、実務処理の「道標(チェックポイント)」となることをめざしています。

- ☑ 【ケース】と【対話】で思考の流れをイメージできる
- ☑ 【チェックリスト】で「落とし穴」への備えは万全
- ☑ 簡潔かつポイントを押さえた、チェックリスト対応の【解説】
- ☑ 一歩先へと進むための【ブックガイド】と【コラム】

会社法務のチェックポイント　市川　充=安藤知史　編著
役員人事や株主総会、株式の譲渡や相続、支配権争いなど、中小企業の顧問弁護士が悩みがちな会社関係事案を幅広くピックアップ。　A5判　2700円

債権回収のチェックポイント　市川　充=岸本史子　編著
取引先の支払遅延から始まって、準備段階・法的手続の段階……と、事案の段階ごとに潜むさまざまな落とし穴を避ける勘所を伝授。　A5判　2500円

相続のチェックポイント　髙中正彦=吉川　愛　編著
遺産分割、遺留分、相続放棄、遺言等の相続関連紛争に必須の実務知識を整理する。関連の相続法改正もコラムでフォローした最新版。　A5判　2500円

交通賠償のチェックポイント　髙中正彦=加戸茂樹　編著
交通賠償事件に精通する弁護士が、基本的な考え方を、必読文献の読み方の解説とともに、丁寧に説明する。A5判　予価2700円【2019年3月刊行予定】

《以降、続刊予定》

- ■倒産処理のチェックポイント　　　　　髙中正彦=安藤知史　編著
- ■離婚のチェックポイント　　　　　　　髙中正彦=岸本史子　編著
- ■不動産賃貸借のチェックポイント　　　市川　充=吉川　愛　編著
- ■労働のチェックポイント　　　　　　　市川　充=加戸茂樹　編著
- ■交渉・和解技能　　　　　　　　　　　髙中正彦=市川　充　編著
- ■文書作成・尋問技術　　　　　　　　　髙中正彦=市川　充　編著
- ■事務所経営　　　　　　　　　　　　　髙中正彦=市川　充　編著

※表示価格（税別）は2019年2月現在のものです。